事例でわかる!

スペシャリストが教える

借地権の悩み

ベストな解決法

売買・相続対策から
難問解決
ウルトラCまで

編著 住友林業レジデンシャル

現代書林

はじめに

借地権問題の円満解決のポイントとは

私たち（住友林業レジデンシャル借地権事業部）は、借地権に関する問題を専門に解決しております。

２００９年5月、私たちは借地権に関する一冊の本を上梓しました。それが、『実践！借地権との上手なつきあい方』です。

借地権の問題をこじらせることなく、ソフトランディングさせたい。しかも、借地人さんと地主さん双方が納得できるような解決を目ざしたい――。

この気持ちから、その本では、増える借地権の相談についての様々な事例と解決策、適正な情報について紹介しました。

本を読んでいただいた方からは、「借地権で悩んでいました。多くの関連書籍を読みましたが、どれも法律など専門的な内容ばかり。しかし、この本は、事例と当事者の目線に立った解説でわかりやすく、納得できました」と、多くのご感想をいただきました。

また、「本を読みました」と、多くの方が相談にこられました。

それから、8年が経過しております。

借地権には、お金の絡む問題が少なくありません。

①借地権を地主さんに買い戻してほしい
②借地権を第三者に売却したい
③地代を値上げしたい
④更新が近づいているが更新料はいくらだろう

などなど。

これらのケースは一生のうちに何度もあることではありませんが、トラブルになってしまうことがあります。

借地権のことで困っている方が実に多い――。

借地権の問題の解決をお手伝いしていると、このことを実感させられます。

加えて、近年では相続税の問題が複雑に絡んでくることがあります。

2015年1月に相続税制の改正が行われ、相続税の基礎控除額が引き下げられました。このことで、従来は基礎控除額の範囲内であった底地や借地権が、相続税の課税範囲内となる可能性が出てきました。

実際、借地権とそれらの相続に関する相談が増えています。その現実を踏まえ、本書では近年増加傾向の「相続での借地権トラブル」をひとつの章として取り上げました。

いままで数多くの借地権問題のご相談を受けた経験から、円満解決に導くためには、三つのことが大切です。

●専門家に相談し、適切なアドバイスを受ける

借地権の問題は、複雑になりがちです。

借地権に詳しくない方には、問題解決は難しいケースが少なくありません。解決については、借地人さんでも、地主さんでも、まず専門家に相談してアドバイスを受けてください。そのことで、より良い解決を目ざしていただきたいと思います。

土地や借地権の問題解決の豊富な事例を持ち、それをノウハウとして蓄積している専門家を選ぶことが円満解決の近道です。

●お互いに歩み寄り、より良い解決策を見出す

借地権問題は、様々な立場の方が当事者の間に入り、交渉を進めていくのが一般的です。借地人と地主双方の要望に隔たりがあると、なかなか話が前に進みません。

そもそも借地は、借地人さんと地主さんの信頼関係からスタートしています。代替わりしていようと、基本は人間関係の上に成り立っております。日頃から良好な関係を築くことが非常に大事です。

普段から、お互いに良いコミュニケーションを取っている――。

これこそが大切なポイントとなります。良好なコミュニケーションが取れていれば、人

間関係もうまく行っているはずです。より良い解決策のために、ここぞというときに歩み寄りも望めます。

●相手の立場に立って考えてみる

自分の権利だけに目を向けるのではなく、相手の立場に立って考えてみる——。ちょっとスタンスを変えるだけで、解決の糸口が見えてくる場合もあります。お互い少しずつの譲歩で話が急展開し、まとまる話も少なくありません。ここでもやはり、日頃のコミュニケーションと良好な人間関係が大切になります。

うばい合えば足らぬ　わけ合えばあまる

この言葉こそ、借地権にかかわる問題を円満解決に導く最大のポイントです。

私たちはこの信念を礎に、借地人さん・地主さん双方にメリットのある解決を心がけてきました。借地人さんと地主さん双方にもこの言葉をお話しし、お互いの歩み寄りと譲り合いで、ともに納得できる円満解決を実現してきました。

もちろん、法律的な手続きが必要な問題もあります。問題の状況に応じ、私たちは長いお付き合いのなかで信頼関係を築き上げてきた税理士、弁護士、不動産鑑定士をはじめとする様々な専門家の知恵も活用します。

本書で取り上げた事例は、前著にはない事例です。借地権についてより良く理解していただくために、併読されることをお勧めします。また併読していただくと、どこかに〝あなたと似た事例〟に出会うことがあると思います。

借地権に関する正しい知識を借地人さん、地主さん双方に知っていただく。借地権問題の円満解決に必要なことと考え方を理解していただき、円満解決を実現する――。

本書を上梓した私たちの願いです。本書と紹介した事例が、そうした円満解決に導く道案内になればうれしい限りです。

２０１７年11月

住友林業レジデンシャル借地権事業部

ぼく、借地犬。
これからいろいろな
事例を紹介して
いきますので
みなさん、よろしく
お願いします！

【付記】

＊相続税や譲渡税など、税制や税率はしばしば変更されます。本書では２０１７年（平成29年）５月末現在の税制・税率を用いていることをお断りします。

＊本書は、主に旧法の借地権について解説しております。

＊本書では、土地の所有者を「地主さん」、借地上の建物の所有者を「借地人さん」と呼びます。

＊本書では「固定資産税」と記していますが、「都市計画税」を含んでいます（地域によっては都市計画税が含まれない場合もあります）。

目次

『スペシャリストが教える 借地権の悩み ベストな解決法』

第1章 トラブルを起こさない借地権の知恵があります

第2章 こんなときどうする？ 借地人さんへのアドバイス

第3章 こんなときどうする？ 地主さんへのアドバイス

第4章

こんなときどうする？　相続での借地権トラブル

第5章

借地権の難問解決はお任せください！

第1章

トラブルを起こさない借地権の知恵があります

借地権を売るには、地主さんの承諾が必要です

借地権は売れる——。

このことは知られるようになりましたが、実際の売買については誤解されている部分が少なくありません。

借地人が借地権を第三者へ売却するためには、地主の承諾が必要です。その承諾の対価として承諾料の支払いが必要になってきます。

借地に建っている建物は建築後かなり年数が経過しているケースが多く、借地権付き建物を購入した方は、新しく建て替えたいと思われる方がほとんどです。建て替えに際しては地主の承諾が必要となり、その対価として、建替承諾料を地主に支払う必要もあります（**借地借家法**）。

また、更新料を支払う特約があれば、更新までの残り期間によっては、借地権を売った方が更新料に関しても支払わなければならないケースもあります。

借地権を第三者へ売却する際は、そうした費用をあらかじめ地主に支払って

借地権
建物の所有を目的とする地上権と土地賃借権の総称。

借地借家法
建物の所有を目的とした地上権・土地賃貸借と、建物の賃貸借について定めている。定期借地権や定期借家権制度が新設され、一定の期間だけ賃貸借契約を結ぶことが可能になった。

不動産の基本的権利

1 日本では土地と建物が別々の不動産

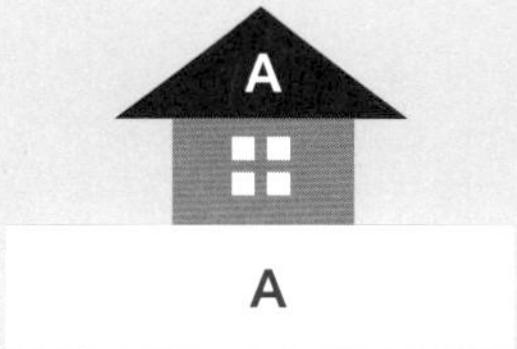

2 土地も建物もAさんが持っているのが所有権

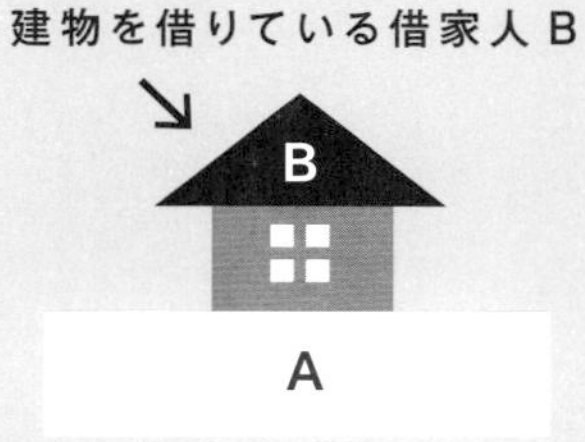

3 土地も建物もAさんが持っているが 建物を貸している借家(権)

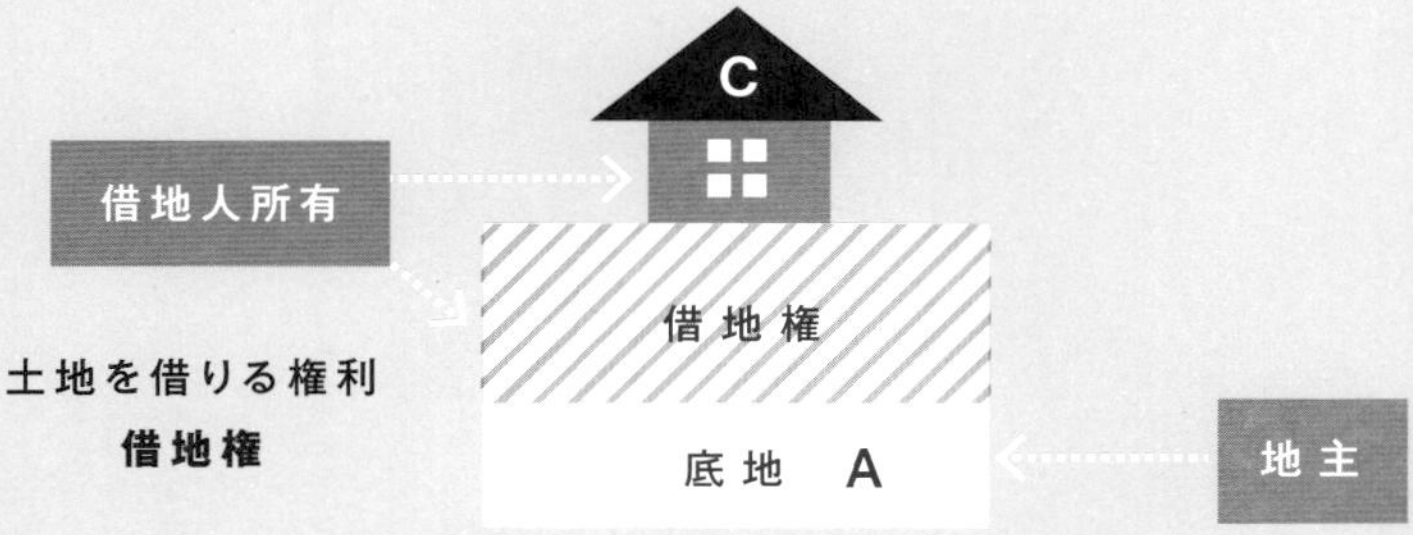

4 借地権：借地権とは「建物所有を目的とする地上権又は土地賃借権」をいう

おいたほうがスムーズに運ぶと言えます。
第三者への売却は、これらの状況をふまえ検討していく必要があります。

借地人が借地権を売りたい場合、地主には三つの選択肢があります。

①地主が買う……買い取り価格は交渉次第になります。価格については借地人が直接交渉しても、不動産会社を仲介してもかまいません。

②第三者に売ることを認める……借地人は、地主に承諾料を支払う必要があります。

③第三者に売ることを認めない……基本的に、地主の承諾なしには借地人は第三者に借地権を売ることはできません。拒否に正当な事由がない場合、借地人は、第三者に借地権を売る許可を裁判所に求めることができます（**借地非訟手続き**）。ただし、買い手がいなければ借地非訟手続きはできません。

また、更地にして返還してくれれば良いですよといわれるケースもこの中に含まれます。

借地非訟手続き
土地の賃貸借契約で、借地権の譲渡、借地条件の変更などのトラブルが生じたときに、裁判所が地主の承諾に代わる許可を与えるなどをして紛争を予防し、当事者の利害を調整する裁判手続き。

POINT

借地権は借地人の権利ですが、第三者に売るには地主の承諾が必要です。第三者に売却の際は前もって地主の要望を確認することがなによりも重要です。

借地権も底地も、単独での売却はとても難しい！

「借地権がいくらで売れるのか……」

地主さんの承諾も得られた場合、借地人さんはここが一番の関心事です。

その際、**路線価**（財産評価基準書）の**借地権割合**が大きなポイントになってきます。

土地により、借地権割合は60％（借地人の**相続税**等の算出時の割合）とか、70％と決められています。

仮に、路線価に基づく更地価格が1億円、借地権割合が60％だったとします。

「うちの借地権は、6割で評価されると聞いた。少なくともうちの場合、6000万円で売れるだろう」

借地人さんは、このように考えがちです。いろいろと希望がふくらむかもしれませんが、実際には6000万円で売ることは非常に難しくなります。

借地権だけを第三者に売る場合、実際の価格は下がる傾向にあります。場合

◎路線価
主要な道路に面した土地の税務上の評価額を、1㎡あたりの単価で示したもの。国税庁から毎年夏頃に発表される。国税庁のホームページや税務署などで確認できる。

◎借地権割合
所有権価格（更地の時価）に対する借地権価格の割合。地価の高い地域ほど借地権割合は高くなる傾向がある。住宅地では6～7割、商業地

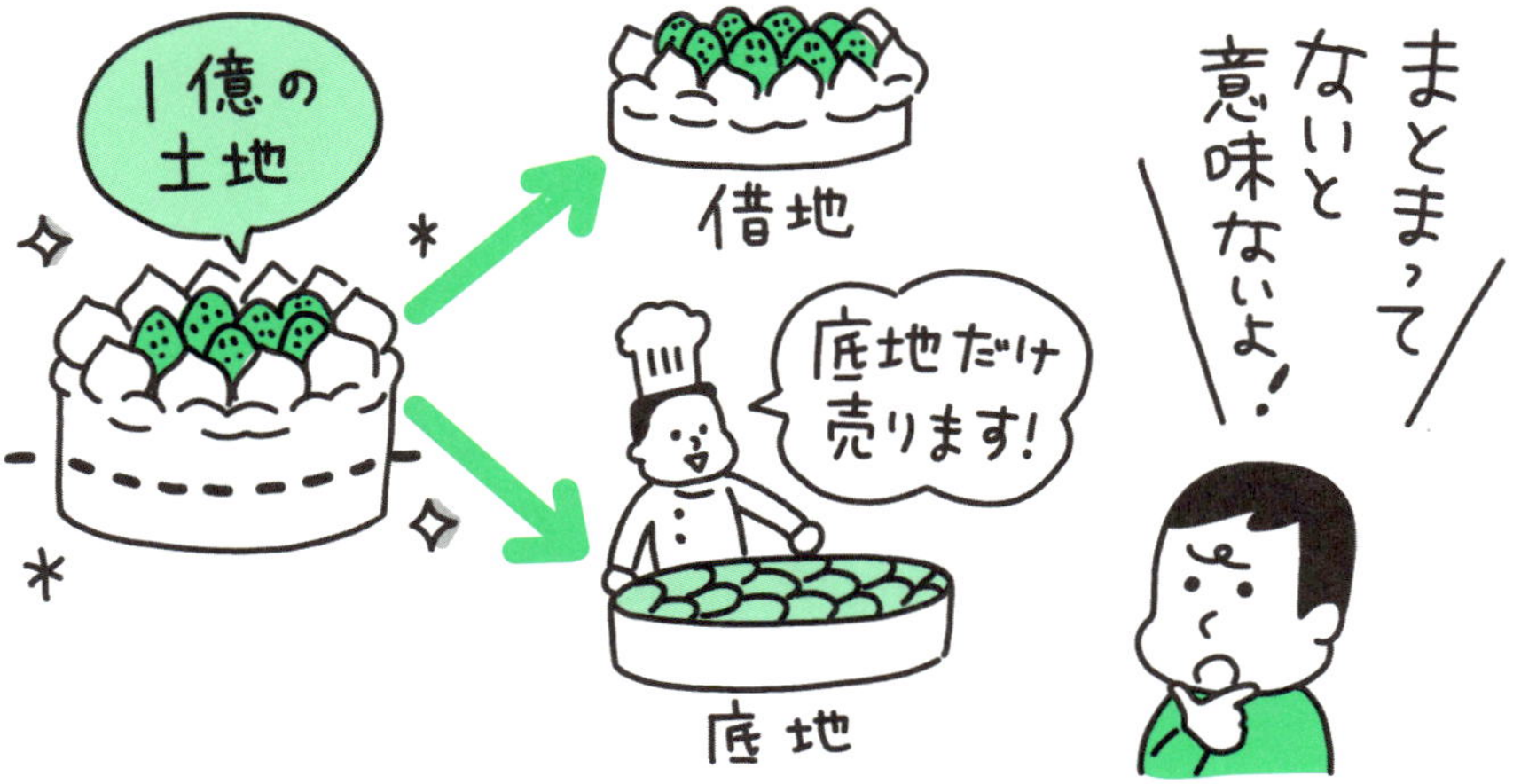

によっては半値程度になることがあり、こうなると3000万円程度での売却となります。

理由は、この「6000万円」という数字にあります。

この数字は、実際に売買するときの価格が6000万円ということではないからです。相続税及び贈与税の計算をするときの評価が6000万円ということなのです。

たとえば、借地人が亡くなったとき（相続が発生）、その方の相続財産を評価する必要があります。借地権も、借地人の財産です。相続税を確定するために、路線価でその財産的価値を評価します。その評価があくまでも6000万円なのです。

では8～9割程度が多く見られる。

●相続税
相続、遺贈、死因贈与により財産を取得した相続人などに課される税。

●底地
借地権のついた土地の所有権のこと。更地とは異なり、土地所有者は借地人との関係で、利用上の様々な制約を受ける。

地主も同じです。地主の計算（路線価×面積㎡×（100％－借地権割合））も、相続税を計算するための評価額なのです。

たとえば、相続税評価1億円で、底地割合が40％（100％－借地権割合）とします。不動産会社がこの**底地**だけを買う場合、どうなるでしょうか？

「4000万円で売れるだろう」

単純に計算して、地主さんはこう思います。

ところが、実際はそうはいきません。第三者に底地だけを売ろうとしても、一般的に底地だけを買う人はまずいないからです。

購入できる方というのは、地代利回りを期待した投資家か、転売を目的とした不動産会社くらいです。この場合でも上限は良くて半値くらいが多く、下手をすると、さらにその半値ほどにもなる可能性もあります。

売却する場合ですが、借地権と底地は合わせて100％の価値があります。一方だけの売却は、思ったような価格で売ることは難しいとお考えください。

POINT

借地権も底地も、片方だけで売ると売却価格が下がってしまいます。まず、時価（近隣の取引価格）×借地権割合（あるいは、時価×底地割合）は、実際の売買価格ではないことを知る必要があります。

地主さんと借地人さん、双方が固執すれば話はまとまりません

ある借地人さんの借地は、借地権割合が70％の住宅地域にありました。時価（近隣の取引価格）は坪２００万円で、借地は１００坪でした。単純計算すると、借地権価格は1億４０００万円です。

「1億４０００万円で、借地権を買い取ってほしい」

地主さんにこう申し出ると、地主さんはまったく相手にしてくれません。

「借地権価格の1億４０００万円と底地価格の６０００万円を足した2億円が私のものだ。ただ、土地をあなたに貸しただけだ。買い戻しを考えないわけではないが、1億４０００万円なんてとんでもない話だ。せいぜい５０００万円だ」

地主さんには、こうした気持ちがあるからです。

「自分は70％の借地権を持っている。価格は1億４０００万円だ」

借地人さんが主張したい気持ちはわかります。

ただし、先にお話ししたように、第三者に借地権を売る場合は価格がぐっと下がり、とうてい1億4000万円で売ることはできません。さらに、地主に譲渡承諾料を払う必要があります。

また、借地上の建物は、だいたい古いケースが多いものです。

次の借地人は、築40年とか築50年の古い建物を売られても困るので、建替えなければなりません。そうなると、次の借地人のために、地主に建替承諾料を払う必要も出てくるわけです。

そうした点も考えると、借地人さんは1億4000万円にこだわらず、ある程度の金額で妥協されたほうが得策です。

地主さんも同じです。借地人の権利は法律で保護されています。いまのチャンスを逃すと、借地がもどってくる機会はなかなかありません。地主さんも5000万円にこだわらず、お互いが納得できる金額で妥協することが重要です。

POINT

借地人さんと地主さん双方が金額に固執していると、まとまる話もまとまりません。双方が歩み寄り、ウィンウィンになるような処理を考えたいものです。

COLUMN

1-1

譲渡と建替の承諾料実務面はけっこう煩雑です

借地権付建物を第三者へ売却する場合、借地人は譲渡承諾料を地主に支払います。しかし、借地権付建物は老朽化が激しい物件が多く、建て替えをしないと次に購入した方が住むことができないことがあります。実際にはそうした場合、譲渡承諾と建替承諾を合わせて取得したうえで第三者へ売却するケースが多いです。

取引実務においては、まず売主である現借地人に、譲渡と建替承諾料を売買代金の中から支払っていただきます。買主は、古い建物をいったん自分の名義に変更した後、自身の負担で取壊しと新築するという流れになります。そのため、地主からもらう承諾書の内容を精査する必要があります。

たとえば、

・譲渡先は誰なのか
・建替承諾を取得して新築する建物はどのようなものか
・融資を受ける際に、地主から銀行所定の承諾書に実印押印をもらえるのか

・建て替えにより地主の支払う固定資産税や都市計画税が上がってしまった場合の対応をどうするのか
・前面道路が地主の所有する私道であった場合、掘削承諾も同時にもらえるのかどうか、など。

この他にも、地域ごとに異なる慣習への対応など、承諾業務は多岐にわたりますので、借地権付建物の売買に不慣れな業者さんに交渉を任せてしまうと、承諾書の内容が不十分だったり、無駄な不利益を蒙ったりすることにもなりかねません。

パートナー選びには十分注意しましょう。

借地人さんの希望通り話が進んだにもかかわらず…

借地人は地主に借地権を売る、つまり地主が借地権を買い戻す――。

双方の話し合いで了承ずみでしたので、普通なら、そのままスンナリまとまる案件です。ところが、途中で話が行き詰まってしまいました。

「やっぱり、出て行くのはイヤだ」

売買条件を詰めている最中、借地人さんがこう言い出してしまったのです。

「実は、『2世帯住宅に建て替えて一緒に住みたい』と、息子が言ってきたんです。私ももう80歳だし、『そのほうがいいかな』と気持ちが変わったんです。建て替えのほうで話を進められませんか?」

事情をうかがうと、こう話してくれました。

この方には、40歳くらいの息子さんがいました。借地人とは違い、息子さんには息子さんなりの考えがあったようですが、借地権を売る話は息子さんには話していなかったのです。

地主さんには、借地権を買い戻したあとの構想もできていました。

「最初の話とぜんぜん違うじゃないか。建て替えは認めない」

地主さんは、怒り出してしまいました。

地主さんが建て替えを承諾しなければ、建て替えは難しくなります。

「いまから建て替えの承諾をいただくことは無理でしょう。地主さんが承諾してくれるとは思えません」

借地人さんの要望を地主さんに話しましたが、地主さんはやはり借地を取り戻したいとのこと。何度か双方とお話しをして、お互いに面積は半分になりますが所有権として土地を持つ「等価交換」という方式を提案させていただきました。

交渉が長期にわたっていたため、このままトラブルを抱えて借地契約を継続するのは難しいのではないかと地主さん、借地人さんの双方が懸念しはじめたこともあり、「借地権と底地の等価交換」という処理ができました。

POINT

交渉の途中で方向性を変えると、スンナリ行くはずだった話もこじれてしまうことがあります。ご自身の想いだけでなく、関係する皆さまのご意見を聞くなど、事前に十分検討してから地主さんとの交渉を始めましょう。

「地代を上げたい」と言われた…断って問題はないのか?

借地人さんと地主さん双方にとって、「地代」は大きなテーマです。

「借地しているが、地代は払いたくないから払っていない」

こんな借地人さんはいないはずです。地代を払わないと、地代不払いを理由に、契約解除される可能性が大きいからです。

また、多くの借地契約書には「3か月以上地代支払いを怠ったときには賃貸人は催告しないで直ちに契約を解除することができる」との記載があるためです。

逆に珍しいケースでは、契約に地代値上げの特約がある場合です。申し入れられた値上げが契約書通りで適正なものであれば、借地人は地代の値上げに応じる必要があります。

地代値上げの特約がない場合、法律的には、借地人は必ずしも地代の値上げに応じる必要はありません。この場合、地主は、借地人が納得できる根拠を示

地代
土地の借り主が土地の所有者に対して支払う賃料。

す必要があります。
＊**固定資産税**が上がった
＊周囲の地代も上がっている
多くの場合はこの2つのどちらかの根拠を示し、借地人と協議をして双方折り合った金額で地代を改定していきます。
問題になるケースは「大幅な値上げ」です。何十年も地代を改定せず、ある日突然大幅な値上げを打診してもその金額での改定は非常に難しくなります。
土地の価格は3年ごとに評価替えがあり、それに合わせて固定資産税、**都市計画税**も見直しがあります。そのときに少しずつ地代の改定をすることが重要となります。

POINT

長年、地代を上げていないのであれば、必ず税理士などの専門家に相談するようにしましょう。

固定資産税
固定資産（土地・建物など）につき、その年の1月1日現在の所有者に対して課税される市区町村税。標準税率は1.4%だが、小規模住宅用地などには、課税標準額が軽減される特例もある。

都市計画税
毎年1月1日現在、固定資産課税台帳に記載された土地および建物の所有者に対して課税される地方税。市町村の下水道事業や街路事業などの都市計画の経費にあてることを目的として課税される税。

更新料を請求された…断って問題はないのか？

地代の値上げと並び、借地人さんが悩むのは「更新料」です。

あとでお話ししますが、契約更新に伴う更新料は全国共通ではありません。

更新料は、一部地域のローカルルールなのです。

「契約に記載がないけど、更新料は払ったほうがいいのですか？」

不動産取引の慣習として更新料の支払いがある地域の借地人さんから、こう相談されることもあります。

「契約書に更新料の記載がなければ、法律的には更新料を支払う必要はありません。しかしながら、良好な賃貸借関係を保つためにも地主さんと協議して支払うことも必要な場合もあります」とお答えしております。

「契約には更新をするとは書いてあるが、『更新料を支払う』という項目がない。払わなくても大丈夫だろう」

こう思う借地人さんも、おられるでしょう。

確かに、特約がなければ法律的には更新料を払う必要はありません。「契約に更新料を支払う旨の合意がなされていない場合、借地人に更新料の支払い義務はない」

多くの判例でも、こうした見解が示されています。

契約書に更新料のことが書かれていなくても、これまで更新料を支払ってきた借地人さんは少なくありません。

しかし、借地権を売る場合、地主の承諾が必要です。

建物が老朽化して建て替えたい場合も地主に承諾をもらい、**建替承諾料**を払う必要があります。その承諾料は、状況により様々です。

建替承諾料
借地上の建物を建て替えたいとき、地主に承諾をもらう際に支払う。承諾料の相場は更地価格の2～5%。

契約書に更新料の記載がないからといって更新料を支払わないでいると、建て替えや第三者への借地権の売却時に地主さんが承諾しないこともあります。あるいは、承諾はするが、承諾料が著しく高いということが考えられます。

また、契約書に記載がなくても、過去に更新料を支払っている事実などがあれば、裁判などで「更新料の支払いを命じられる」ということもあります。

「これまで更新料を支払っていたけど、契約に更新料のことはない。もう更新料は支払いたくない」

借地人さんのなかには、気が変わる方があるかもしれません。

この場合、過去に払っていた事実などがあれば、裁判で更新料の支払いを命じられる可能性もあります。

POINT

旧借地権は、地主と借地人の良好な関係の上に成り立っている制度と言えます。法律だけを物差しに判断すると、思わぬトラブルに発展する可能性があります。

地価が下がっているのに、なぜ固定資産税や地代が上がるの？

地主さんが地代値上げを希望する理由の多くは、「固定資産税等の上昇」によるものです。

「地価が下がっているのに、なぜ固定資産税が上がるのか？」

「地価が下がれば、固定資産税も下がっていいはずなのに、地価が下がっても固定資産税は上がるが、地代を上げにくい」

何年も地代は据え置きにして固定資産税だけが上昇していき、その結果、当社に相談に来られる方がおられます。

借地人に地代の値上げ交渉をしても「地価が下がっているのに、地代が上がるんですか？」と驚かれるケースが多く、交渉がうまくいかないことが多いからです。

通常借地人は、土地は借りているため土地の固定資産税にはなじみがなく、一方で建物の税金は徐々に下がることが一般的ですので、地価が下がれば土地

の固定資産税も下がっており、地主の手取りは増えていると考えてしまいます。

しかし、実は、地価と固定資産税は必ずしも連動していないのです。

バブル期に急激に上昇した地価と同様に課税標準額も上昇させては、固定資産税の上昇も急激になってしまうため、それらを調整するために、固定資産税の負担調整制度が導入されました。

それにより、地価が下落傾向にあっても、税金は上昇するということが実際に起こっております。

POINT

借地人さんの立場では、固定資産税の負担調整制度までご存知の方は非常に少ないので、地代を上げるために丁寧な説明を心がけましょう。

底借同時売却は理想です。でも、そう簡単にはいきません

借地と底地の売買には、「底借同時売却」という形もあります。

底借同時売却の「底」は底地、「借」は借地権を意味します。底借同時売却は、底地と借地権を同時に売るということになります。

「借地権と底地の同時売却なら、所有権による売却と同じことなのでそれなりの金額で売れるだろう」と思われるかもしれませんが、底借同時売却は、売却を仲介する不動産会社の力量によりうまく売れるかどうかに大きく左右されてしまいます。思ったように運ばないことが多いのです。

たとえば、1億円の土地があったとします。借地権割合が60%とすると、借地権は6000万円、底地は4000万円という計算になります。

「地主さんも、借地人さんも売りたいと言っている。両方合わせて1億円だから、底借同時売却で、1億円で一般の人に売り出しましょう」

一般の不動産会社は机上の計算でこう考えがちですが、実際の底借同時売却

底借同時売却
異なる底地権者と借地権者が共同で第三者へ売却し、その代金を分配する方法。

では地主、借地人、購入者などの、様々な条件の調整が必要です。

「決めた金額で売却できたとしても、借地人さんの退去時期はいつにするのか？」

「借地人さんが**遺産分割協議**を実施する前であった場合、遺産分割協議は整うのか？」

「お互い同意した金額以下もしくは以上で売れた場合は、どのようにその金額を分けるのか」

などなど。

私たちが経験した案件だけでも、ハードルは枚挙にいとまが

遺産分割協議
亡くなった人（被相続人）が残したすべての財産の分割方法について、相続人が話し合って協議し、全員が同意をすれば、法定相続分や遺言と異なる分割をすることができる。

ありません。ましてや、ここに仲介をする不動産会社の思惑が絡んでくると、ちょっとの行き違いが大きく溝を広げてしまうということがあります。

実際の相談は、地主さんと借地人さんの希望する金額では買い手がつかず、結局何年も売れなかったという案件でした。

まず、借地人さんと地主さんに底借同時売却の難しさをご説明しました。

今回のようなケースは、金額的な面だけでなく、引き渡し時期などの細かい条件すべてを受け入れてくれる不動産会社への売却でないと難しいことをご理解いただき無事売却できました。

POINT

底借同時売却の場合、地主さん、借地人さん、購入者さん、それぞれの条件をすべてクリアしないと売却は難しくなります。やはり通常の所有権売買とは違う取引なのだということを念頭に置いていきましょう。

底借同時売却
プロが教える成功の秘訣

「借地権を売りたいのですが……。地主さんにも話はしてあります」

底借同時売却には、いくつかの始まり方がありますが、ほとんどのケースは借地人さんのこの相談がきっかけになります。

「借地人さんが『借地権を売りたい』と言っていますが、借地権を売却するには、地主さんの承諾を受ける必要があります。ご承諾いただけますか？　また、借地権を買い戻すというご希望はありますか？」

相談を受けると、ひとまず地主さんにこうお話ししますが、話の途中で、「借地権を買い戻すつもりはない。逆に自分に万が一のことがあった場合のことを考えて、処分を考えているんですよ」

と希望する地主さんもおられます。

借地人は借地権を売りたい。地主も底地を売ってもいい……。

ここで、おぼろげながら「底借同時売却」の選択肢も視野に入れます。

地主さんが底地を売りたい場合、借地人さんに対してある提案をすることもあります。

たとえば、こんな提案です。

「地主さんは底地を売ってもいいと言っていますが、底地を買うおつもりはありませんか？」

当初は借地権を売りたかった借地人でも、そこは長年住んでいた借地ですので金額が合えば買いたいと言われる方もいらっしゃいます。

とはいえ、おおよそはこのようにおっしゃいます。

「いや、底地を買うつもりはない。やはり、借地権を売りたい」

借地人さんからこのような回答を受けたところで、はじめて底借同時売却を地主さんに提案いたします。

ここでまず、金額面とそれ以外の条件を地主さん、借地人さん双方に確認します。

重要なのは金額面よりも「その他の条件」です。

そして、「それらの条件をクリアするとなると、金額的にはこれくらいで売

れると思いますがいかがでしょうか？」と金額を決めていきます。

金額的に同意を得てはじめて底借同時売却を第三者へ募集していきます。かなり難しい条件がある場合は、当社での購入も検討することもあります。

何よりも大事なのは、地主さん、借地人さん双方の要望を的確にとらえて、迅速に処理をすることです。

POINT

借地人さんと地主さん双方が、金額面以外でどのような条件をお持ちなのか？ これをとらえ解決していくことが底借同時売却のキーポイントです。その希望を間に立つパートナーがうまく調整しないと、底借同時売却はうまくまとまりません。

大切なことは、借地人さんと地主さんのコミュニケーション

「とんでもない地主だ。常識はずれにもほどがある」

相談に見えた借地人さんからは、こう聞かされていました。

「難航するかもしれないいな」とおそるおそる電話をしたところ、快く時間を作っていただけ、ちょっと拍子抜けという感じでうかがうと、ごくごく普通の方でした。

私たちと借地人さんとの地主さんに対する印象の違いは、双方の間で昔起きたちょっとしたトラブルが原因でした。

もともと相談者の先代同士が借地人と地主の関係で、建て替えの件でもめたことでコミュニケーションがなくなったとのこと。先代はすでに亡くなり、お互い代替わりしているにもかかわらず、過去のトラブルを引きずっていたことが冒頭の発言につながったようです。

私たちが間に入り、借地人さんが借地権付建物を第三者へ売却したがってい

ることを地主さんにお伝えすると、このまま借地人と地主の関係を続けていくよりは、第三者に売ってもらったほうがすっきりしますとのことでした。

地主さんは、建て替えをされてこのまま借地人さんとの関係を継続することがイヤだったために、借地人さんとの直接交渉をしなかったようでした。

はじめは、当社が借地権付建物を購入しようと交渉をしていたのですが、その金額で購入できるのであれば自分が買い戻したいとのことでした。結果として、地主さんが買い戻すことで解決することができました。

今回のように、コミュニケーション不足のためにお互いの話がかみ合わないという事例がかなりあります。

借地人さん、もしくは地主さんから「かなり偏屈な方なので気をつけてくださいね」といわれるケースです。

しかし、実際に会ってみると、「本当に困った方」は1％いるかいないかといったところです。ほとんどの方はなんとか解決したいと思っているはずですので、あまり過去のイメージにとらわれずフラットの状態で交渉するのがポイントとなります。

ましてや、借地人さんと地主さんが代替わりしている、あるいは片方が代替わりしていれば、関係修復の余地は大いにあります。

「おはようございます」

近くに住んでいるのであれば、朝、顔を合わせたら挨拶する。離れて住んでいるのであれば、暑中見舞いの葉書を1枚出す……。

人間関係というものは、そうした小さな気配りから始まるものです。

POINT

地主と借地人は、「土地を貸す・借りる」というだけの関係ではありません。元々はお互いの信頼の上に契約関係が築かれたということを思い出しましょう。

COLUMN

1-2

借地権にまつわる「落とし穴」のあれこれ

第三者売却についてのトラブル事例です。

借地権の購入者は、地主さんの承諾を得て住宅を建て替える予定でした。ところが、銀行融資が受けられなくなってしまったのです。

問題になったのは、融資に際して銀行が地主に調印を依頼してきた銀行所定の承諾書です。民法やその他の法律よりも過度の責任を地主に押し付ける内容になっていたため、地主さんが署名捺印を拒んだのです。融資は実行されず、売却自体が頓挫してしまいました。こうしたケースは、融資を利用せず現金で建築できる方への売却などの対応が考えられます。

地主による借地権不存在の主張、これもよくあります。

「土地は貸したが建物所有が目的ではなく、駐車場のように更地のまま利用するという約束だった。勝手に建物を建てて登記しても、当方は借地権として認めない」というわけです。こうしたケースは、借地権不存在を認めつつ、双方が歩み寄り解決の方向を探ることになります。

変わったケースでは、こんなことも。

借地人さんが借地権付き建物を地主さんに売却する案件です。借地人さんがかなり疑い深い性格の方で、せっかく地主さんが提示した好条件に対して、なぜそんなに高い金額で購入してくれるのか、何か他の情報を隠しているのではないか、などと勘ぐり交渉が進まないというものでした。

また、コラム（162ページ）でも触れますが、立木の所有権や切り株の処分をめぐる争いです。借地権に不慣れな業者さんによる頓挫など、障害は枚挙にいとまがありません。

しかし、明確な理由があって頓挫する場合は、それをクリアさえすれば解決の望みはあります。一見高いハードルのように感じても、問題をはっきりさせることで糸口が見えてきます。

人間関係こそがすべての基本

人間関係の大切さを再認識した事例です。依頼に来られたのは借地人さん。当社で別のアパートを管理させていただいた関係から、借地権のご相談を受けました。

大阪の鶴橋の商店街の一角で20坪弱の土地を借りて商売をしていらっしゃいました。ご自身が高齢になり、商売をたたもうと思っているとのこと。ついては借地権付建物を売却したいとのご要望でした。

借地人さんと現地を見に行ったところ、非常に人通りが多い場所ですが、道も狭く建て替えれば道路拡幅部分だけでかなりの土地が取られてしまうという状況でした。

さすがに第三者への売却は無理なので、「地主さんに買い戻してもらうしかないですね」とお話をしたところ、地主さんは5軒先で商売しているから、一緒に行って交渉をしてほしいとおっしゃいます。

大阪らしいなと思いながら、いざ地主さんのところに行ったところ、突然スーツに身を固めたビジネスマンが借地人さんと現れたものですから、地主さんは大慌て。しかも、住所が「東京・新宿」とある名刺を出して標準語で話し始めるものだから、ほぼパニック状態です。

後ろの方で身を小さくする借地人さんをいち早く見つけた地主さん、「借地の件なら借地人さんと話するから、ちょっとあんた、外出て、待っとき」

借地人さんがおそるおそる借地権の買い戻しをお願いしたところ、その場でほぼ了承をいただけた様子でした。

満面の笑みで「ありがとう」と借地人さん。

「私たちはまだ何もしていませんが……。とにかくうまくいってよかったですね」

地主さんと借地人さんの、日常の良好な関係が功を奏した案件でした。

まさに「案ずるより生むが易し」です。

POINT

地主さんと良好な関係を築けていれば、まずは直接ご要望をお話ししてみましょう。

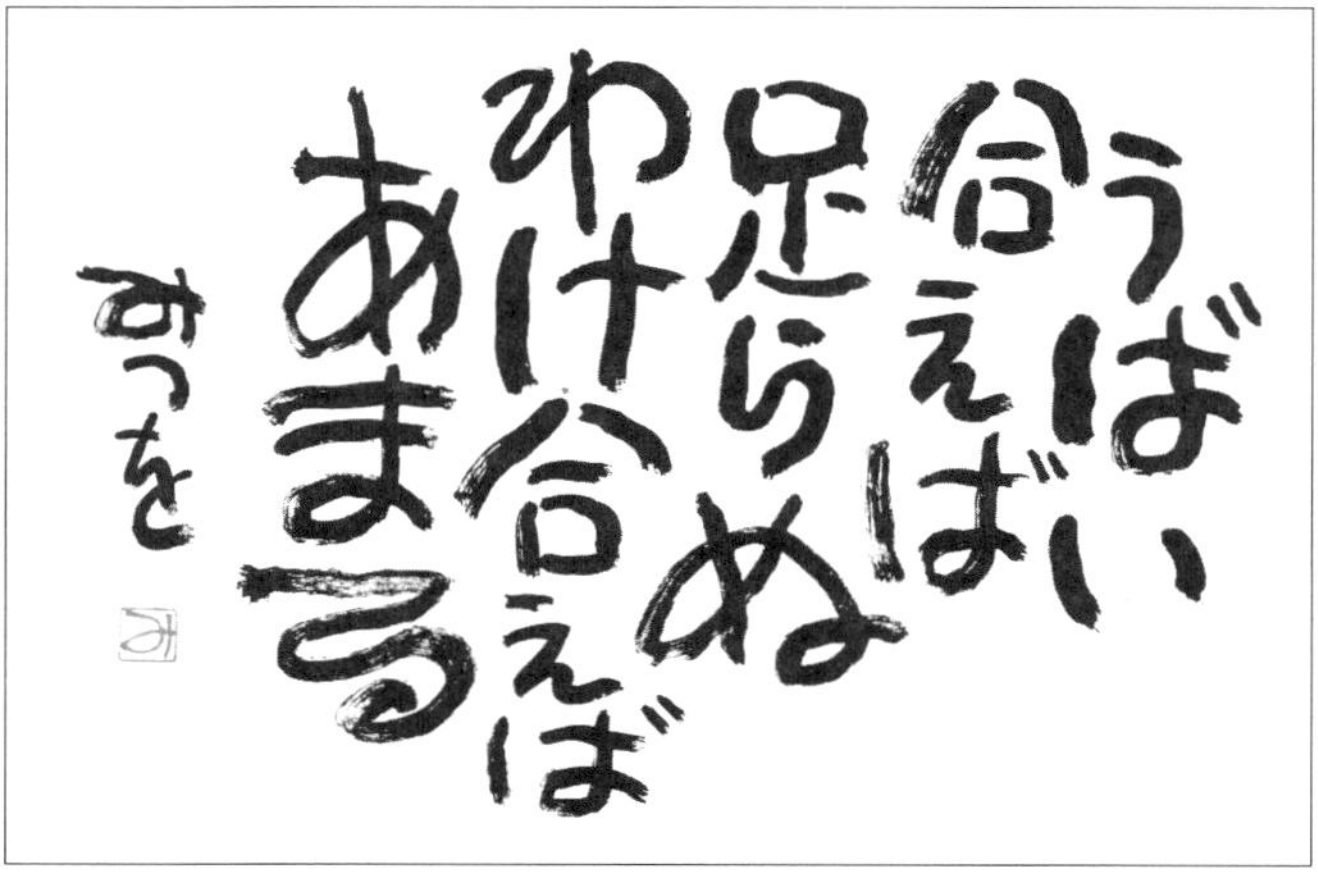
うばい合えば
足らぬ
わけ合えば
あまる
みつを

第2章

こんなとき どうする？ 借地人さんへの アドバイス

「借りたものは返す」これが借地権の基本です

借地権について、借地人さんが陥りやすい勘違いがあります。

多くの借地権は、建物の所有を目的とする賃借権であり、債権です。債権債務の関係では、「借りたものは返す」のが原則です。

借地人さんの多くは、この原則を知っているはずですが、長年使用しているうちについ勘違いをしてしまうこともあります。

実は、民法や借地借家法に借地権を「第三者に売却することができる」という条文はありません。

民法612条1項の「賃借人は、賃貸人の承諾を得なければ、その賃借権を譲り渡し、又は、賃借物を転貸することができない」との記載が、「承諾を得れば第三者への譲渡が可能」と解釈できるためです。

ただし、借りたら返すことをせずに第三者に売却するため、承諾の対価としての金銭的な補償として承諾料を支払う必要があるのです。

債権
債権者が債務者に対して一定の行為(給付)を請求することを内容とする権利。

民法
私人の日常生活に関する財産関係と家庭内の身分関係の一般原則を定める法律。私有財産の尊重、契約自由の原則、過失責任の原則を3本柱とする。1896(明治29)年公布。

POINT

借地権は借地人さんの大切な財産ですが、元々は地主さんとの良好な関係を基盤として発生した権利です。第三者への譲渡は、まず地主さんの意向を確認してから検討しましょう。

COLUMN

2-1

ご注意！ どんな借地権でも売れるわけではありません

「借地権を売りたい」と、多くの借地人さんが相談にこられます。

借地権は、地主の承諾があれば第三者に売却することができます。たとえば、東京23区は毎年の人口増と、東京オリンピックを控えての土地価格の上昇で、借地権も売却しやすくなっています。しかし、土地価格が横ばいもしくは下がっている他の多くの地域では、借地権の取引はほとんどないというのが実情です。

様々な地方から相談をいただきますが、第三者への売却は難しいケースがほとんどです。

「第三者への売却ではなく、地主さんによる買い戻しや、ご自身で収益物件に建替えて運用をされてはいかがですか？」

とアドバイスすることもしばしばです。

借地権は自らが利用してこそ、強い権利でありメリットもあるのです。第三者へ売却しようとした途端、その価値は下がり始め、価格がつかないことすらあり

ます。

借地権の売却を検討する際には、まずその地域で売買実績があるかどうかを地元の不動産会社に確認してみてください。取引実績があれば売却の可能性は高くなりますが、ほとんど取り扱いがない地域では難しいと考えてよいでしょう。

その場合は、地主による買戻しや、ご自身での運用、あるいは地主への借地返却などを検討することをお勧めします。

「地主さん＝お金持ち」ってホント？

「地主はお金持ちに決まっている」

皆さんこう思っていませんか？　借地人さんなら、なおさらでしょう。様々な案件をお手伝いしていると、「地主＝お金持ち」と思っている借地人さんは、結構多いことに気づかされます。

実際のところ、お金持ちの地主さんは私たちの経験の中では、半数くらいだと感じております。

ここで言うお金持ちとは文字通り「現金を持っている地主さん」という意味です。

しかし、東京都内で広大な土地をお持ちの地主さんでも、必ずしも「現金を持っている」とは限りません。

「地主はお金持ちだから、借地権などすぐ買い戻してくれるだろう」

借地人さんはこう考えがちですが、そう簡単にいかないこともあるわけです。

実際には、借地を買い戻したいが現金のない地主はたくさんいます。「借地権を売りたい、できれば地主に買い戻してもらいたい」

こう考えて、多くの借地人さんが相談に見えます。「借地を買い戻せるなら、買い戻したいけど……」

相談にうかがうと、言葉を濁す地主さんもいます。

「買い戻したくても、実際に今、資金がないんですよ。相続税も延納中で、正直それどころではないというのが本音です。今まで銀行ともあまり付き合っていないので融資を受けられるかどうかも不安です」

実際に私たちが受けた相談で、築年数の古いアパート（満室）の借地権を買ってほしいという案件がありました。

借地人さんのお話では、地主さんも買い戻したいが、相続税を支払ったばかりで現金がないとのこと。建物もかなり古いので銀行ローンもつかず、双方で内々に合意したのに、地主さんが現金を用意できず頓挫しているようでした。

地主さんによれば、第三者に売却するにはいくつか問題点があり、譲渡承諾を出せない状況でした。

そこで、銀行ローンよりも金利は高いが、ある地方銀行のフリーローンなら融資可能であることをアドバイスしました。今後の資金計画などもご説明して、「これなら大丈夫」と、無事地主さんに買い戻していただけました。

POINT

「地主さんはお金持ち」という先入観は、相談される側の判断を誤らせることもあります。できるだけ先入観や思い込みを排除して、事実だけをまとめておくことが大切です。

「地主さんが底地を売ることはめったにない」これを肝に銘じましょう

「これまでずっと地代を払っているんだから、お願いすれば地主は底地を売ってくれるだろう」

借地人さんの多くは、少なからずこう考えています。しかし、実際のところ底地を売ってくれる地主はめったにいません。

地主が底地を売るのは特別な事情がある場合だけです。相続などで現金が必要な場合や、高齢になり借地の管理が重荷となってしまったケースに限られます。

「長年借地で生活してきたが、自分も年をとったので底地を購入して所有権として子どもたちに引き継がせたい」

ある借地人さんから相談がありました。

地主さんとの交渉で一番難しいのが底地の買い取りです。

「ひとまず現状の借地について調査をしますので、もう一度打ち合わせをさせてください」とお伝えしてその日は別れました。

調査をしてみると、なんと底地の登記に「差押」がついていました。

そこで借地人さんには、このようにお話ししました。

「もしかしたら、地主さんは何らかの事情で資金的に厳しいのかもしれないですね。一度地主さんと底地の売却について相談してきます。場合によっては、売ってもらえるかもしれません」

地主さんにおうかがいしたところ、金額面で折り合えば底地を売ってもいいというお答えでした。

その後、金額面だけでなく、測量に関しての取り決めや前面道路の扱いなど、その他の条件をすべてクリア、相談から6か月ほどかかりましたが、無事借地人さんによる底地の購入ができました。

非常に珍しいケースでした。

POINT

それなりの理由がある場合以外、地主さんが底地を売ることはめったにありません。まずはそこを理解しましょう。

「底地を売りたい」と言われたら、無理をしてでも買いましょう

先にもお話ししたように、地主さんが底地を売ることはめったにありません。とはいえ、地主さんが「底地を売りたい」と言うケースがゼロではありません。

「地主さんが『底地を売りたい』と言ってきました。不動産に関してほとんど知識がないため交渉をお願いできますか？」

借地人さんからのご要望でした。

いまは底地を購入する必要がなくても、これは千載一遇のチャンスです。できることなら融資を受けてでも買うべきでしょう。しかし、地主さん側の不動産会社に聞くと、双方の希望額にはかなりの開きがありました。

結局、このケースはその後2年をかけて金額面を調整し、底地を購入することができました。

金額の開きが最大のネックでしたが、敷地を調査すると、土壌汚染や、地主さんが底地を売却するための手続き、借地人さんの資金繰りなど、実際の

引き渡しまで問題山積の案件でした。

ハードルを一つひとつクリアしながら時間をかけて解決していくうちに、地主さん、借地人さん、当社、地主さん側の不動産会社の間に「奇妙な一体感」が醸成されていきました。

結果として、最大のネックであった金額面でもお互いに歩み寄り、無事底地を購入することができました。

ちなみにこの借地人さん、相談に来られたときは底地の購入にあまり乗り気ではありませんでした。ただ、ご自身の相続関係（何度かの離婚を経験）が複雑で、このまま借地で相続すると、結果として地主さんにも迷惑をかけてしまうのではないかと心配していたとのことでした。

非常に安堵され感謝されたことが印象深い案件でした。

POINT

地主さんから底地を買わないかと言われたら、千載一遇のチャンスです。ぜひ専門家に相談してみましょう！

「借地契約書がない！」あわてないで、打つ手はあります

「借地権を売ろうと思って家中探しましたが、契約書がありませんでした。どうすればいいのでしょうか？」

このような理由で、あわてて当社に相談に見える借地人さんも結構います。

借地権保全には、2つのポイントがあります。

①地代を払っていること（地主が受け取っていること。供託も可）

②借地上の**建物登記**がされていること（借地契約書はあるにこしたことはないが、賃貸借は**諾成契約**のため、貸す意思と借りる意思の合致があれば成立する）

「借地権を保全できているかは『地代を払っているか』『建物が登記されているか』です。この2つがあれば借地権は保全されているとみなされますので、まずはそれを調べてみましょう」

このアドバイスに、安堵されたようでした。

「ところで、地代の領収書はお持ちですか？　建物の登記はどうですか？」

建物登記

登記とは私法上の権利を第三者に公示するために登記簿に記載すること。権利の保護、取引の安全のために行われる。建物の新築、建売住宅購入時は、工事完了1か月以内に表示登記をする必要がある。

諾成契約

当事者の意思表示が合致するだけで成立し、目的物などの引渡し等を必要としない契約。

こうお尋ねすると、金融機関での振込通知書があるとのことでした。振込通知書か地主さんからの領収書があれば、地代を払っている証明になります。

「建物登記はよくわかりません。どうすれば良いでしょうか？」

相談者の中には建物登記がされていないケースも散見されます。この方の場合、建物の登記があるかどうかハッキリした記憶がありませんでした。

「建物の登記は、法務局に行けば調べることができます。また、毎年4月くらいに行政から届く建物の固定資産税等納税通知書に建物登記に関する記載がありますので、そちらで登記がされているかどうかを確認できます」

この方の場合、建物はお亡くなりになったお父様名義で登記されていました。売却するためには、遺産分割協議を実施してご自身の名義（もしくは共有名義でも可）に変更してからとなります。

その後、地主さんとの交渉や、遺産分割協議等を実施し、無事第三者へ売却することができました。

法務局
法務省の地方支分部局のひとつ。法務省の事務のうち、登記、戸籍、公証などの事務を処理する。全国に法務局、地方法務局、支局、出張所がある。

POINT

もし建物登記がなければ、早急に、借地人名義で建物登記をする必要があります。建物登記がない場合、地主が第三者に底地を売却した場合、自分の権利を主張する根拠がなく、第三者に対抗できない事態にもなってしまいます。

使用貸借か賃貸借か？

相談に見えたのは、息子さんでした。

もともとは、息子のお父さんが伯父さんの土地を賃貸借で借りており、そこにお父さんが建物を建てて住んでいたとのこと。地代は固定資産税等程度ではなくそれなりの金額を支払っていました。

20年ほど前、伯父さんがお父さんに底地を買わないかと言ってきたのですが、すでに定年を迎えていたお父さんは買わず、息子さんが購入しました。

この段階で、息子さんが地主、お父さんが借地人という関係が成立しました。また、親子間で地代をやり取りして、借地契約が存在しています。

その後、お父さんが亡くなり、お母さん名義で建物を登記したあと、息子さんの妹夫婦がその建物を取り壊し、妹婿の名義で建物を建てています。ただし、地代は変わらずお母さんが息子さんに支払っています。

この場合、「借地権は妹婿に移っているのか」が心配とのご相談でした。

関係図

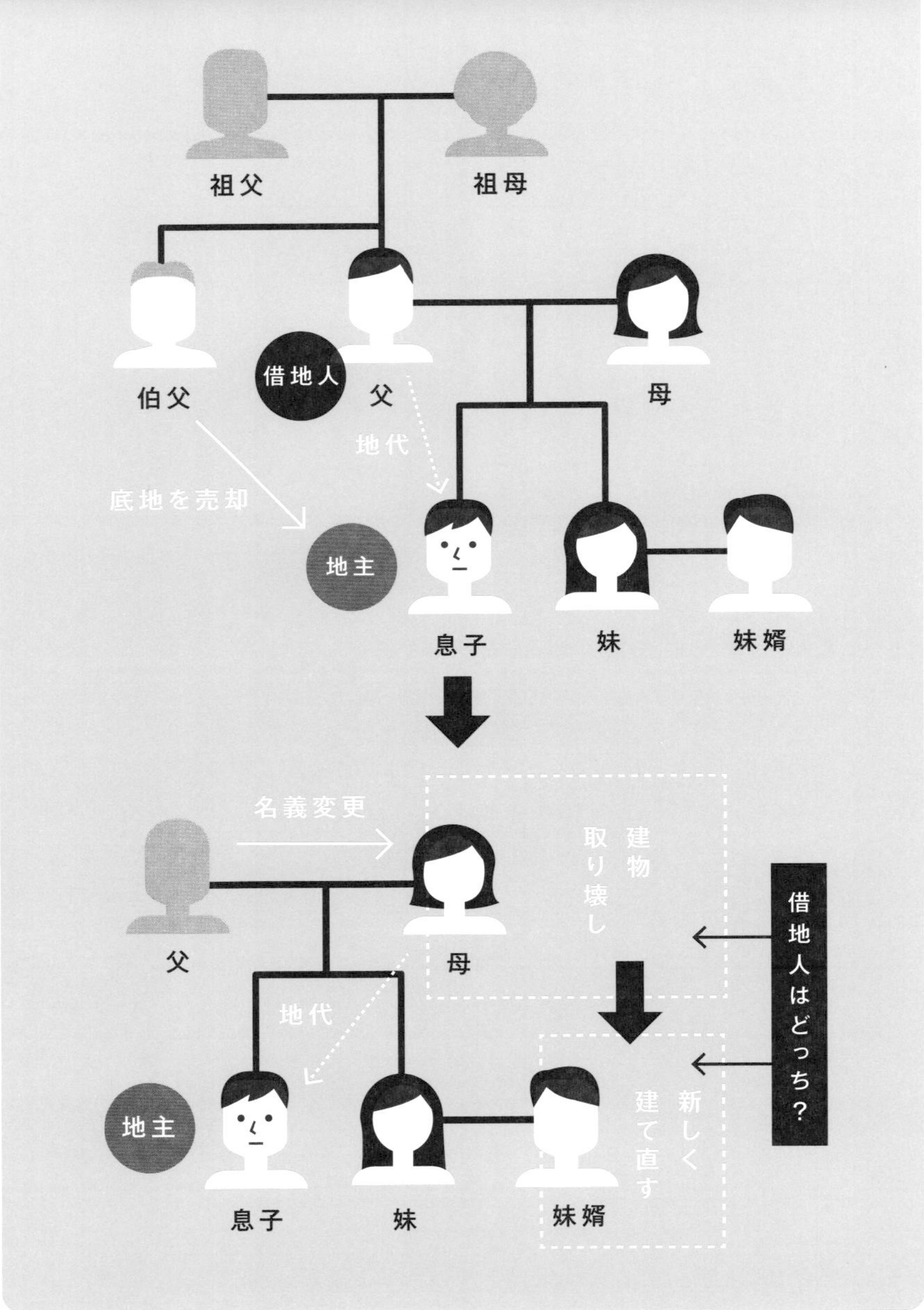
祖父
祖母
伯父
借地人
父
母
地代
底地を売却
地主
息子
妹
妹婿
名義変更
父
母
建物
取り壊し
借地人はどっち?
地代
地主
息子
妹
妹婿
新しく
建て直す

結論から言うと、借地契約はお母さんと息子さんです。「お母さんの借地権を息子さんの了解を得て妹婿が使用貸借している」という状態になります。

借地権はお母さんに存在するので、お母さんに万が一のことがあった場合は、妹さんと借地権について遺産分割協議をしていけばよいのです、と説明させていただきました。

「事実は小説より奇なり」とはよく言ったもので、私たちにも経験のないたいへん興味深い案件でした。

POINT

親族間での借地の場合、最近では税法上の問題も出てきます。必ず弁護士や税理士などの専門家に相談しましょう。

譲渡承諾が取れても、すべての借地権が売れるわけではありません

どんな借地でも、借地権が売れるとは限りません。

道路との関係、高低差があるなど様々な状況によっては実際に売れない借地権は結構あります。

建築基準法では、建物を建てるには建築基準法上の道路に2m以上接していなければならないという規則があります。

あるケースでは、旗竿地のうえ、その通路部分を借地していませんでした。

「この借地権は、まず売れませんよ」

この答えを聞き、借地人さんの顔色が変わりました。

「なぜ、通路部分を借りておかなかったんですか?」

その方に質問すると、答えはこうでした。

「通路も結構な面積があるので、地代が高くなるのがイヤだったんです」

方法としては、その通路部分だけを新たに借地契約する手もあります。

地主さんにおうかがいしたところ、第三者へ売るのであれば買い戻すとのこと。借地のまま第三者へ売却できるとは思っていなかったので、地主さんの申し出には正直助かりました。

金額面で多少の開きがありましたが、結果的にお互い歩み寄り無事、地主さんに買い戻してもらうこととなりました。

地主さんは、買い戻した古い建物をリフォームして賃貸収入を上げています。

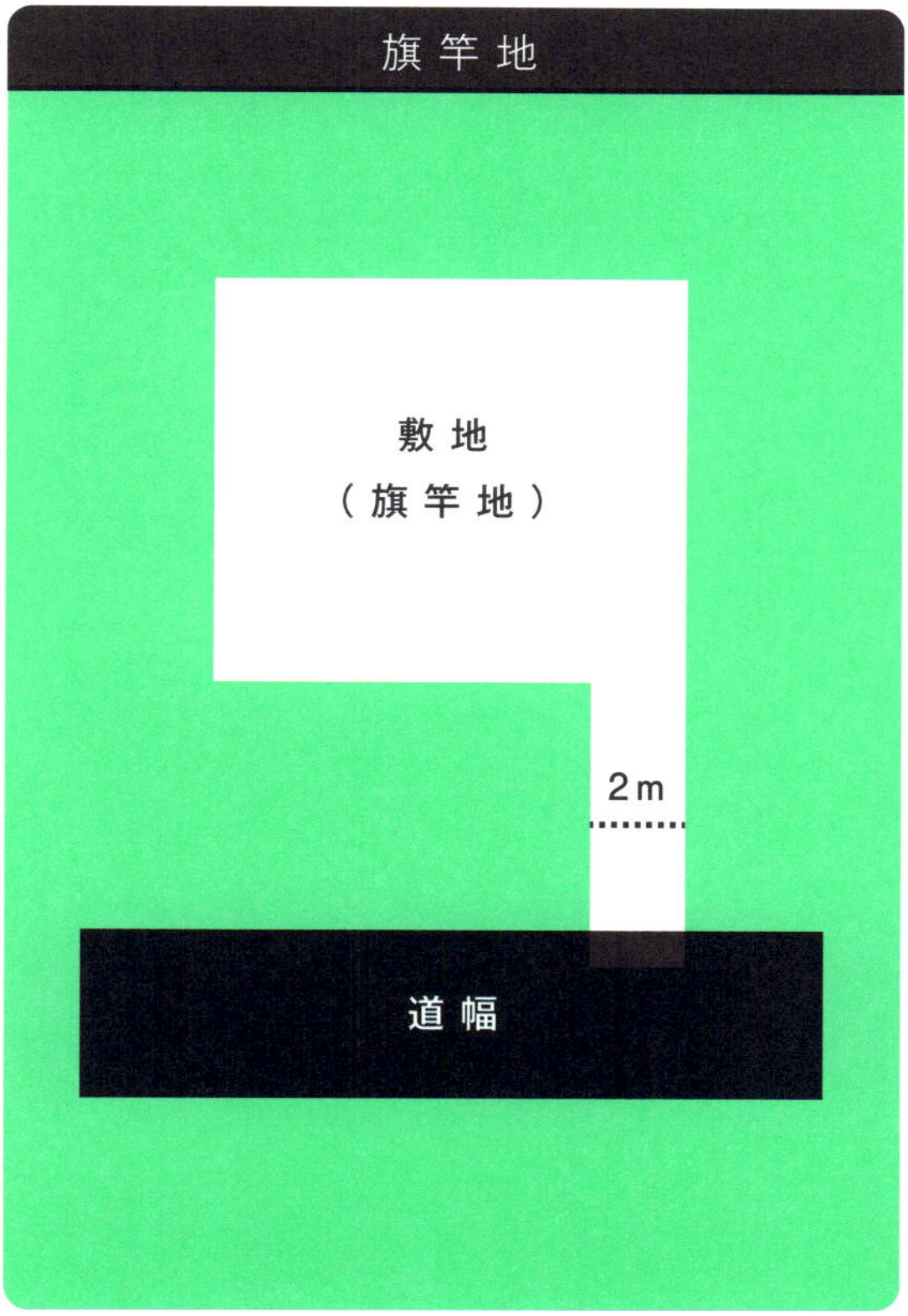

POINT

古い借地の場合、大通りに面して家を建てる習慣のない時代に建てた家があります。「家は奥まったところにあったほうが良い」という価値観の時代もあったようです。

立地が良いのに第三者への売却が難しい!?

「借地権を売りたい。借地は品川だから高く売れるでしょう」

こう相談に見えた借地人さんがいました。

確かに、立地は申し分ありません。その借地人さんは、借地の上にアパートを建てていました。道路も入っていて、一見すると特別な問題はありません。

ただし、公図で見ると、地主さんが借地の周り一帯を全部持っています。道路も地主さんの所有です。道路は、地主さんの私道というわけです。

こうした借地の場合、第三者に売却しようとしても実際にはたいへん難しくなります。

道路が私道のため、古い建物を建て替えてガスや水道を引き込み直す場合、地主に道路の掘削承認をもらわなければなりません。地主がそれらすべてを承諾してまで、第三者への売却を許可するケースは非常に少ないからです。

地主さんに会いに行くとやはり、第三者への売却は許可しないとのことでし

公図
土地の位置、形状、地番を公証する登記所に備え付けられている地図。土地区画整理施行済区域内を表したものと土地台帳付属地図を流用したものがある。登記所（法務局）で有料にて閲覧可能。

POINT

場所が良くて、道路もきちんとあって、一見すると高く売れそうな借地でも、事情によってはなかなか売れないこともあります。

た。「周りの敷地全部が地主の土地の場合、地主の協力がなければ第三者への売却はできない」ことをよく知っている地主さんでした。

こうした事案は、地主が借地権の買い戻しに応じるパターンが一般的です。地主による買い戻しは、第三者への売却より金額が安くなる傾向があります。

交渉の結果、お互いが納得する金額で地主さんが購入することになりましたが、当初借地人さんが希望していた金額での売却ができなかったことは言うまでもありません。

COLUMN

2-2 借地権を売りたい借地人さんへのアドバイス

「借地権を売りたいが、買ってもらえますか?」

借地権が売れることを何となくご存知の借地人さんから、このような相談が入ります。

借地権を第三者へ売却するためには、地主の承諾を得ることが前提となります。ところが「借地権を売りたいが、地主が承諾してくれない。どうすればよいか?」という相談がかなりの頻度で入ってきます。

借地人さんの話によると、大手の不動産会社に相談して1年かけてやっと買い手がつき、いざ地主さんに第三者への売却の承諾を求めたところ、承諾してくれないとのこと。よくあるパターンの承諾拒否です。

借地権を売りたい場合は、まずは地主さんの意向を確認のうえ次のステップに進むことが重要です。第三者へ売却してよいか、地主自身が買い戻すのか、等価交換の可能性はどうか、などの選択肢があります。借地権をめぐる交渉は、地主と借地人の希望をお互いがすり合わせて、双方が納得するゴールを目指すことがもっとも大事です。

大手の業者さんに頼んだにもかかわらず、何年経っても進展しないことに業を煮やして当社に駆け込んでくる方も多いです。

借地権を売りたい時、最初にすべきことは地主さんの気持ちを確かめること。これが一番の近道となります。

災害警戒区域に指定されると、借地権を売るのは難しくなる

「借地権を売りたいんです。地主さんも、売却に賛成してくれています」

借地人さんから問い合わせがあったのは、60坪の借地でした。

30年ほど前、この方は当社のグループ会社でその借地に家を建てていました。

そのことを思い出し、連絡してこられたのです。

一見何の問題もない事案です。私たちも、スムーズに運ぶと楽観していました。

ところが数年前、広島県で大雨による痛ましい土砂災害が発生したことにより、全国で**土砂災害警戒区域**の指定が増え始めました。

詳しく土地を調べたところ、この方の借地もその警戒区域に含まれ、一般には売るのが難しい土地となってしまいました。

この借地は山の傾斜地にあり、車の乗り入れも難しいといった立地です。

建物はしっかりしていても、水道の引き込みをはじめ、状況が複雑でした。

●土砂災害警戒区域

土砂災害防止法に基づき、住民への周知や警戒避難体制の整備が必要な警戒区域（イエローゾーン）と、さらに建築物の構造規制などをする特別警戒区域（レッドゾーン）を指定。レッドゾーンでは必要に応じて移転を勧告できる。

庭の一部も崩れているような状況です。

まずは地主さんと交渉を始めました。

「この借地は現在の状況から第三者への売却は非常に難しいと考えています。ここはひとつ、地主さんに買い戻していただけないでしょうか？」

地主さんに、こうお願いしてみました。

「じつは私には不動産がたくさんあり、買い戻しても相続税評価額が増えるだけなので、そんなつもりはありません。ただ、地主としての協力は惜しみませんので、できれば御社に買っていただけると私もありがたいんだけど……」とのこと。

そこで、借地の隣にある企業に、隣地の話を持っていきました。

その企業の社長さんと地主さんは旧知の間柄で、仲も良かったのです。

借地人さんとの関係も良好だったため、今の状況を説明し、借地権を購入していただけないかと打診しました。

社長さんも「それはお困りでしょう。できる限りご協力させていただきます」とのことでした。

とはいえ、問題は山積みです。まずは実際の売却金額、地主さんと社長さんとの契約内容、地代等の条件などなど……。

その後、2年をかけて三者が納得する形で売却することができました。

当社として必ずしも十分な収益は得られなかったのですが、災害警戒区域の借地処分というノウハウを学べた価値ある経験でした。

POINT

地主の承諾があっても、簡単に売却できるわけではありません。土地の状況によっては売却が難しいこともあります。

借地権の転貸はNGです。貸し駐車場などへの転用は、地主の許可が必要です

「借地権の無許可での転貸はできない」

このことを知っている借地人は多いはずですが、実際は無許可で転貸してしまっているケースを見かけることがあります。

借地人が建物を第三者に貸すことは借地権の転貸には当たりません。よくあるケースは、貸し駐車場です。貸し駐車場は、借地権の転貸にあたる可能性があります。

借地権を売りたい方が相談に来られると、まず現地を調査します。そのとき、一部を駐車場で貸していることが少なくありません。

「貸し駐車場の利用について、地主さんに許可をもらっていますか?」

と質問してみると、許可をもらっていない場合がまれにあります。

「借地の一部を駐車場として貸したいんですが……」

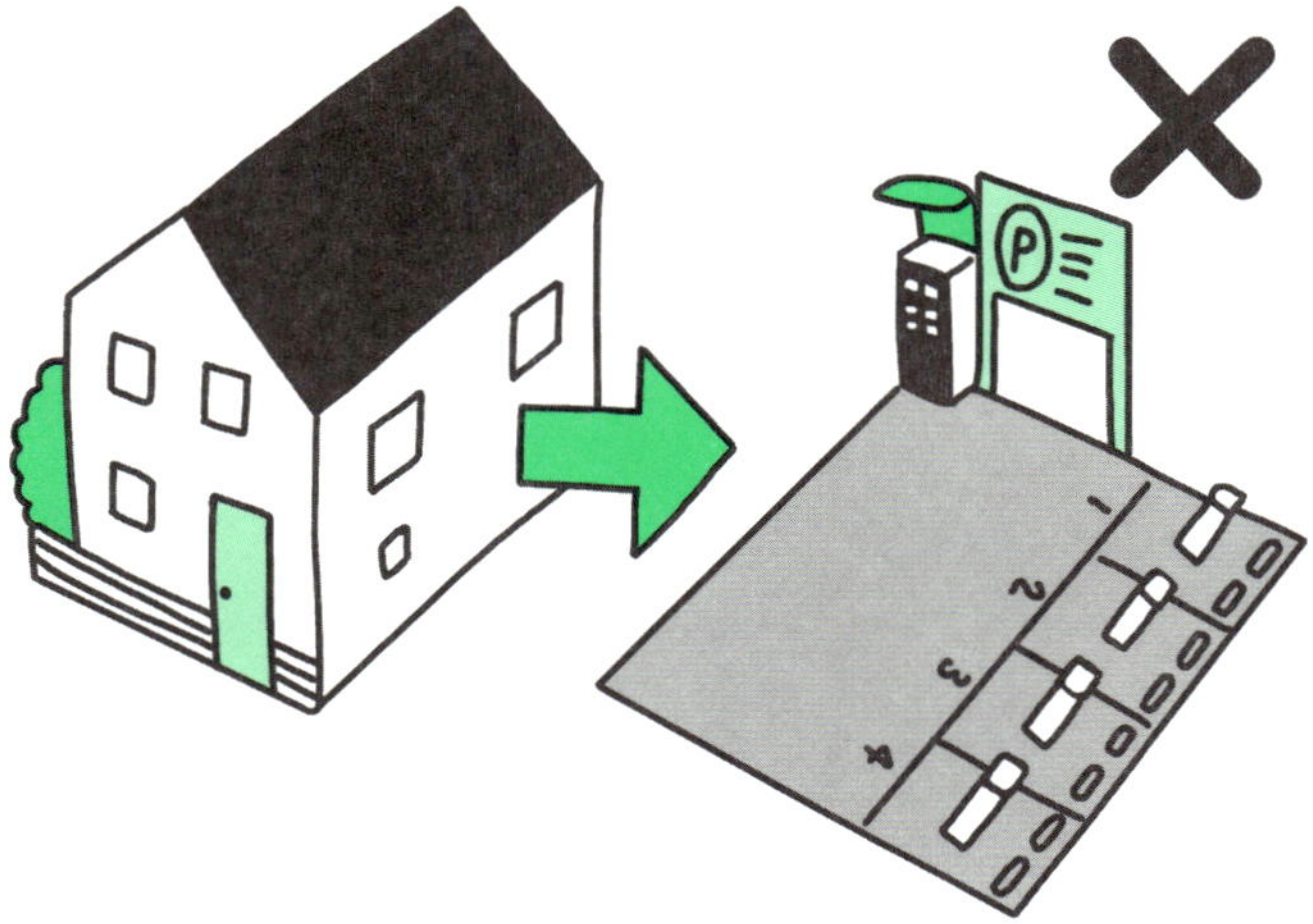

借地人さんから、もしこう相談されたら、「地主さんに許可をもらわないと難しいですよ」とお答えしています。

居住用建物が建っている土地の一部を駐車場として第三者へ貸した場合、その駐車場部分のみ小規模宅地の軽減措置を受けられず、固定資産税等が上がる可能性があります。

税金が上がったことで、初めて地主さんの知るところとなり、トラブルになることもあります。

POINT

借地の一部を駐車場として第三者に貸すと、借地権の転貸に当たります。建物を所有すること以外で借地を利用すると借地権の転貸になり、最悪の場合は借地契約を解除されることもあります。

居住用建物を事業用に転用すると、地代が上がる可能性が…

借地上の建物は通常、借地人の名義で登記されています。所有権は借地人にあり、建物をどう使おうと借地人の自由です。

ところが、使い方によっては地代が上がってしまうケースもあります。

たとえば、借地人が、居住用の建物を店舗として貸した場合です。この場合、土地の固定資産税等が上がります。固定資産税が上がると地代も上がることとなります。

「借家には入居者が住んでいますがそのまま、借地権を買ってほしい」

相談に来られた借地人さんは、借地でアパート経営をしていました。

居住用の建物が建っている場合、この方が借りていた借地は２００㎡以下であるため、固定資産税は６分の１に軽減され、都市計画税は３分の１まで軽減されます。

この方の場合、借家を居住用として貸していました。ところが、借りた人が

建物全部を「自分の事務所」として利用してしまっていました。

部屋を借りていた人が、全部を店舗や事務所として利用すると居住用としては認められません。そうなると小規模宅地の軽減を受けられず、固定資産税等が値上がりすることとなります。やはり、この方の場合も固定資産税が上がりました。

そのような状態のなか、当社は地主さんに「借地人さんが借地権を売りたいと言っているのですが」とうかがいました。

地主さんは、税金が上がったことを理由にまずは地代を上げたいとの要望でした。結果としては、地代を上げるのが先か、売却するのが先かでお互いが歩み寄れず、裁判へ舞台を移し現在も訴訟が継続しています。

POINT

建物を居住用以外に使いたい場合、まずは地主さんに相談することです。

古い遺産分割協議書しかない。その協議書って有効、無効？

「父親の遺産相続で借地を相続しました。その底地を買ってほしいと、地主さんに言われたのですが……」

高齢の男性からの相談です。

まずは、底地の購入資金を調達できるかどうかです。高齢のこの方の場合、ローンが使えない可能性があるため、現金をお持ちかどうか確認しました。

すると、ある信託銀行に株を持っているとのこと。亡くなったお父さんの名義でかなりの額の信託株をお持ちでした。

普通、相続が発生すると、遺産分割協議を行います。名義変更が必要なものは名義変更をするものです。

「お父様がお亡くなりになったとき、遺産分割協議をしていないんですか？」

とうかがうと、遺産分割協議はきちんと行われていました。もう一人の**法定相続人**である弟さんとの間では、**遺産分割協議書**もつくっていました。

法定相続人
民法に規定されている相続人のこと。配偶者および①被相続人の子②子が亡くなっているときはその孫③子や孫がいないときは直系尊属父母④以上に該当しない場合は、その兄弟姉妹⑤その他、養子に認められるケースもある。

遺産分割協議書
遺産分割協議（36ページ）で話し合ったものをまとめた書類。

No.4132　相続人の範囲と法定相続分　［平成 29 年 4 月 1 日現在法令等］

相続人の範囲や法定相続分は、民法で次のとおり定められています。

(1)　相続人の範囲

死亡した人の配偶者は常に相続人となり、配偶者以外の人は、次の順序で配偶者と一緒に相続人になります。

第 1 順位

死亡した人の子供

その子供が既に死亡しているときは、その子供の直系卑属（子供や孫など）が相続人となります。子供も孫もいるときは､死亡した人により近い世代である子供の方を優先します。

第 2 順位

死亡した人の直系尊属（父母や祖父母など）

父母も祖父母もいるときは、死亡した人により近い世代である父母の方を優先します。

第 2 順位の人は、第 1 順位の人がいないとき相続人になります。

第 3 順位

死亡した人の兄弟姉妹

その兄弟姉妹が既に死亡しているときは、その人の子供が相続人となります。

第 3 順位の人は、第 1 順位の人も第 2 順位の人もいないとき相続人になります。

なお、相続を放棄した人は初めから相続人でなかったものとされます。

また、内縁関係の人は、相続人に含まれません。

(2)　法定相続分

イ　配偶者と子供が相続人である場合

配偶者 1 ／ 2　子供（2 人以上のときは全員で）1 ／ 2

ロ　配偶者と直系尊属が相続人である場合

配偶者 2 ／ 3　直系尊属（2 人以上のときは全員で）1 ／ 3

ハ　配偶者と兄弟姉妹が相続人である場合

配偶者 3 ／ 4　兄弟姉妹（2 人以上のときは全員で）1 ／ 4

なお、子供、直系尊属、兄弟姉妹がそれぞれ 2 人以上いるときは、原則として均等に分けます。

また、民法に定める法定相続分は、相続人の間で遺産分割の合意ができなかったときの遺産の取り分であり、必ずこの相続分で遺産の分割をしなければならないわけではありません。

(民法 887、889、890、900、907)

その遺産分割でこの方が相続した一部に、株券があったわけです。

「困っているのは、この株券が現金化できないことです。現金化できないと、底地を買えません」

遺産分割協議書があるのに、株の現金化ができない？　話がよく見えないので、理由をうかがいました。

問題は、その時すぐに名義変更をすれば良かったのに、そのままになっていたことです。

「信託銀行から、『この遺産分割協議書ではダメです。当行所定の承諾書に相続人全員が実印を押印して手続きを完了していただけないと、当行は相続による名義変更を受け付けられない』と言われているんです。最初に相談に行ってから、もう10年ですよ」

遺産分割協議書をつくった当時、兄弟の仲はうまくいっていました。その後、ご両親ともにお亡くなりになり弟さんとも疎遠になり、あのときに印鑑を押したのだから新しい書類に実印を押すのはイヤだと、弟さんが応じてくれないとのことでした。

そこで、当社の顧問弁護士に相談しました。

「古い遺産分割協議書でも、法律的に何も問題はない」

とのこと。顧問弁護士を通じて銀行と交渉した結果、無事に名義変更することができました。

この方の場合、そもそもの相談は底地購入でした。しかも地主さんが底地を買わないかと言ってきた千載一遇のチャンスでした。

相続の相談は派生的なものでしたが、それを専門家に相談することにより希望どおりに話が運びました。

その後は、もちろん株券の名義をすべてその方に書き換え、現金化した資金で当初の希望だった底地も購入できています。

POINT

時代とともに制度が変わり、様々な面で手続きが煩雑になっています。協議が整ったらすぐに名義変更することをお勧めします。

建物に抵当権がついていた。その借地権は売れるの？

「銀行から融資を受けたいのですが、借地権に抵当権を設定できるでしょうか？」

こんな質問をされる借地人さんがいます。

土地に設定できればよいのですが、地主さんが承諾するはずはありません。抵当権を設定できるのは、借地上の建物だけになります。

現実の話として、土地を共同担保として担保提供できない借地権付き建物の担保評価は低くなります。

金融機関からの融資を返済し終わると、普通は抵当権を抹消します。ところが、金銭のやり取りがなくなってからも、抵当権を抹消していないケースもあります。

古い借地の案件では、時々抵当権がついたままの事案があります。ごくまれですが、抵当権を設定した金融機関がすでに存在しておらず、抵当権抹消に時

抵当権

担保の目的物を債務者に残したまま、債務不履行の場合には、債権者が優先してその目的物から弁済を受ける権利。目的物の範囲は、登記・登録の制度があるものに限られる。

間がかかってしまう場合があります。

いわゆる「休眠担保権」と言われるものです。様々なケースによって抹消方法は異なりますが、通常に比べるとかなり時間がかかることを覚悟しなければなりません。

借地権売買のときに、私たちは抵当権の有無を調べます。債務がないのに抵当権が残っていれば、抹消の手続きを取ります。その抵当権が原因で売却できなかった、解約されてしまったということがないように、地主さんに相談する前にまずはご自身の借地権付建物の権利関係を調べておくことが必要です。

POINT

建物に抵当権が設定されている場合は事前によく調べましょう。

第3章

こんなとき
どうする？
への
アドバイス

地主さん、借地のメリットを忘れていませんか？

「借地人は、私の土地を不当に安く借りている」

「借地人は借りた土地を半永久的に使える。借地権も売れる。地主よりはるかに厚遇されている」

「地主の私には、何のメリットもない」

地主さんとお話ししていると、よくこんな不満を漏らす方がいます。

そうした地主さんに、地主であることのメリットをお話しします。

「そうは言われますが、地主さんも借地のメリットを受けているんですよ」

多くの地主さんは、ここで怪訝な顔をされます。

「まず、相続です。たとえば、借地権割合が60％だったとします。地主に相続が発生すると、借地権分の60％は借地人の資産と見なされ、地主の相続税評価額は60％減、つまり40％ですんでいるわけです」

こうお話しすると、地主さんも「そうだったのか」と理解していただけます。

「土地を貸してきたおかげで、土地が残っていると考えたことはありませんか？　たとえばですね、借地ではなく、土地を駐車場経営に使っていたとします。相続が発生したとき、相続税を支払うためにおそらくその土地を売ったはずです。そんな考え方もありませんか？」

こう続けると、地主さんもうなずかれるものです。

借地として貸していたからこそ、いまも手元に残っているのではないでしょうか。また、土地は建物とはちがってエアコンが壊れたり、修繕費がかかったりすることもありません。最近では底地を資産として購入したいけどどうしたらよいのですかという相談まで来たりします。

POINT

借地にしていることで、実は地主さんもメリットを受けています。

相続における借地のメリット

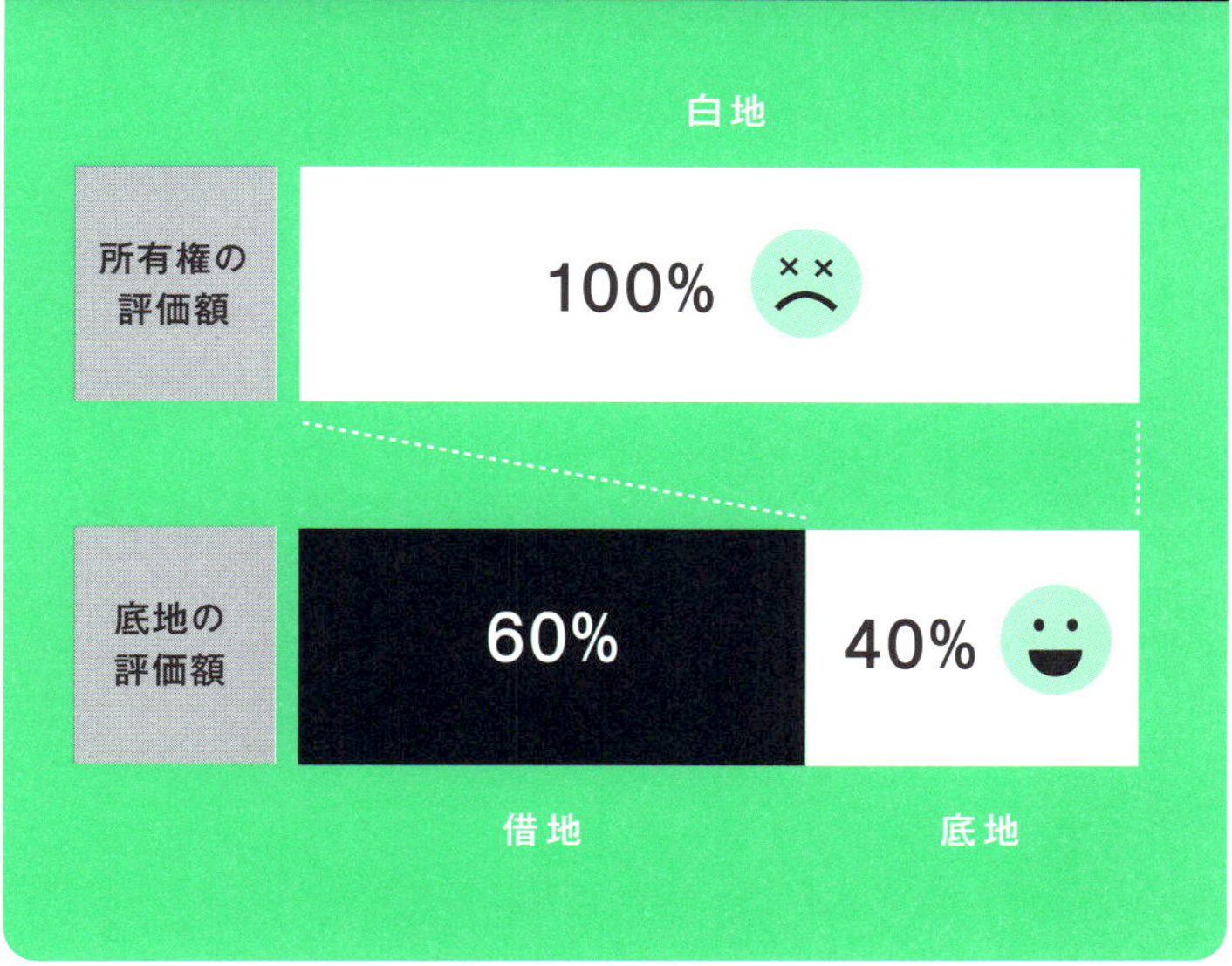

COLUMN

3-1

地代の一方的な値上げはトラブルの元

ある地主さんから、地代管理に関する相談がありました。

まず、地代管理の状況を調べてみると、1件の借地人さんが高額の未収となっていました。通常の場合、地代の未収金はまずありません。

なぜなら、地代未払いは借地契約の解除条項に抵触するからです。もし解除された場合、借地人はかなりの財産的価値を失ってしまうため、一般的に未払いは起こりにくいからです。

話をうかがうと、10年ほど前に地代を上げたが借地人さんは納得せず、値上げ前の金額のまま振り込んでくるという状況でした。差額分を未収金として毎月請求しているので、その累積が高額となっていたのです。

地代は、固定資産税・都市計画税や物価の上昇に伴い、地主と借地人が協議をして変更するのが本来です。ところが、地主さんによる一方的な値上げ宣言に、借地人さんは納得していなかったのです。

両者の関係は良いものではなく、更新契約書も交わされず法定更新になっていました。

そこで当社が間に入り、更新契約書の改訂をお手伝いさせていただきました。一方的に値上げをしても合意とはみなされないため、これまでの未収分は督促せず、適正な地代に関して借地人さんと交渉を始めました。

結果として双方が折り合う形で契約できました。地主さんの間違った対応が事態を悪化させ、大きなトラブルに発展しかけた案件でした。

借地権の取り戻しはまず難しい

地主さんに理解していただきたいポイントは、大きく2つあります。

まず、借地権の取り戻しです。

「借地権を買い戻したい」

地主さんが、借地人さんに申し入れたとします。この場合、借地人さんがOKと言わない限り、借地権は買い戻せません。

「借地権を買い取って欲しい」

逆に言えば、借地人さんがこう言ってきた場合を除き、借地権の取り戻しはまず難しいということです。

ただし、お互いが協議して等価交換をすれば、面積は小さくなってしまいますが、所有権として分けることが可能です。

もうひとつは、借地権を解約することです。

借地人さんに立ち退いてもらえるとすれば、借地契約の解約条項に抵触した次のような場合です。

＊特別な事情もなく、地代の支払いが長期にわたって滞っている

この場合、「いつまでに支払いがないときは解除します」と通知します。もし借地人が支払いに応じなければ、契約は解除することが可能となります。借地人には、立ち退いてもらうことができます。しかしながら現実的には、地代支払いを書面で請求すると支払う借地人がほとんどで、借地権の解除まで持ち込めるケースはごくまれにしかありません。

＊借地を転貸している

地主さんに無断で借地権を転貸してしまった場合などは解除できる可能性が高いと言えます。

＊更新のときに地主側に正当事由がある

「更新のときに、更新を拒否できないか？　拒否できたら、借地人に立ち退きを要求できるのでは……」

こんなことを考える地主さんがいるかもしれません。

正当な事由があれば更新を拒否できますが、実際に過去の例を見ても、正当な事由が認められたことは非常にまれです。

たとえば、地主さんがそこしか住む場所がなく、しかも非常に貧しい境遇にある。それに比し、借地人さんがアパートなどを経営し、経済的に豊かな生活を送っている……。

このように借地権を取り戻すのはかなりハードルが高いのです。

POINT

借地権を取り戻したい、借地人に立ち退いてもらいたい……。実際には、借地権の取り戻しは非常に難しいことなのです。

更新料は、一部地域のローカルルール。全国共通ではありません

借地の場合、契約期間が終了すると契約更新を行います。

更新時の更新料は、一部地域のローカルルール――。

先に、こうお話ししました。東京では更新料は一般的ですが、全国共通のルールではないのです。

判例にもあるように、更新料の特約がなければ更新料はもらえない、が原則です。

ところが、「更新料は必ずもらえるものでしょ？」

東京の地主さんは、一般的にこのように考えています。

「更新時には、更新料を支払うもの」

東京の借地人さんにも、この認識が共通してあります。

特約の有無はさておき、双方にこの共通認識があれば、だいたい更新料は支払われています。

双方にこの共通認識がない地域では、更新料は支払われません。問題になるのは、東京の地主さんで、東京以外に底地を持っているような場合です。その底地が、たとえば大阪にあったとします。

地主さんが亡くなり、東京の方が大阪の底地を相続し、契約期限がきたとします。ところが、大阪には一般的に更新料のルールがありません。

更新に関して相談に来られる方に結構このケースが散見されます。

更新時に更新料を取得するためには、原則契約書に特約として記載しておく必要があります。

POINT

更新料を確実に取得したいなら、後顧の憂いを残さないためにも更新料支払い特約を入れて契約することをお勧めします。

地主さん、「更地の返還」より借地権の買い戻しを考えましょう

地主さんにも、いろいろな方がいます。

「とにかく、地主さんが話を聞いてくれない」

地主さんの対応に困り果て、こんな相談をしてきた借地人さんがいました。借地権売却の依頼を受け地主さんに電話をかけると、電話口で2時間も怒鳴りっ放しのおばあちゃんでした。

「この方は、話をしてもラチがあきません。借地非訟手続きという方法もありますが、更地で返還することを考えましょう」

借地権が売れる場所ならまだしも、売ることが難しい場所もあります。売ることが難しそうなのに「困った地主さん」相手に借地権の第三者売却の話をしても、時間が無為に過ぎていくだけだからです。

この方の場合はアドバイスを受け、更地返還を基本として現在も地主さんと交渉しています。

しかし、今回のように借地権を無償返還する場合、その手続き方法によっては、借地人からの地主への借地権の贈与とみなされ、地主に贈与税が課税される可能性もあります。

そのような突然の課税を受けないためにも、税理士など専門家に必ず相談してから更地返還を受けることをお勧めします。

POINT

借地人が無償で建物を取り壊して借地を返還した場合、贈与とみなされる可能性があります。地主さんは、「更地にして返還してくればいいよ」と言う前に必ず税理士等に相談しましょう。

借地人が建物を勝手に取り壊した！

「借地人が勝手に建物を取り壊してしまった。どうしたら良いでしょうか？」

地主さんからこんな相談を受けました。

「勝手に取り壊したということは、借地権を放棄して出て行ったということですか？」

と聞くと、土地の固定資産税等が大幅に値上がりしたのでおかしいと思い現地を見に行ったところ、一団の土地に住宅が2棟建っていたが、2棟のうち1棟が取り壊されていたとのこと。

居住用建物が建っていれば、小規模宅地の軽減を受けることができ、200㎡までの場合、固定資産税は6分の1に軽減されます。

固定資産税は、1月1日に土地の利用状況がどのようになっているかで課税されます。東京の場合、その納税通知書が5月から6月頃にきます。

たとえば、前年の2月に借地人さんが建物を取り壊したとします。すると、今年の1月1日に更地として課税され、6月頃に変更後の納税通知書が送られてきます。ところが軽減措置が受けられない場合、固定資産税はこれまでよりも上がってしまいます。つまり、固定資産税が上がったことを地主さんが知るのは、借地人さんが建物を取り壊して1年半くらいあとになってしまうのです。

「税金が随分上がったなぁ?」

そこで地主さんは、借地の利用状況を確認、初めて1棟取り壊していることを知りました。

「1年半も前のことなのに……。なぜいま頃、地主さんは文句を言ってきたのだろう?」

この温度差がトラブルになります。

借地人が、地主の許可を得ず建物を取り壊したことは契約違反になります。

POINT

地主さんの承諾を得ずに建物を取り壊すことは契約違反となります。建物が複数ある場合でも、まずは地主さんの承諾を得ましょう。

地代を払わない借地人、請求しない地主…借地権は存在するの？

「両親が亡くなって、アメリカから帰国しました。相続財産に借地がありましたが、どう処理したらよいでしょうか？」

こんな相談を受けたこともあります。

帰日したその方は、子どもの頃、その借地に住んでいました。両親が亡くなって久しぶりに訪ねてみると、昔の家が残っていたのです。

借地人が地代を払っていない。地主も地代を請求していない。建物は登記されていて、建物の税金は非課税になっている。借地契約書もない……。

現地調査を行うと、こうした状況でした。

建物が非常に古く、固定資産税評価額が20万円未満の場合は非課税になります。底地の登記は、現在の地主さんの先々代のおばあちゃんの名義になっていました。

「先々代が亡くなってからそのままになって、うちもずっと請求していない」

地主さんに話をうかがうと、こんな返事が返ってきます。言ってみれば、借地権が宙に浮いた状態がずっと続いてきていたわけです。

地主さんの建物と、借地人さんの建物は、同一敷地内にありました。

建物はボロボロですが、地主さんが良い方で暇を見ては手直ししてくれたりしています。

窓が割れると、直したりもしていました。

「私は地代を払う気はありましたが、地主さんから請求されなかったので払っていません。これまでの地代をまとめて払えと言われたら、払う用意もあります」

この方は、こう申し出てくれました。

地主さんと相談した結果、地主さんが借地権を買い戻すことで処理できました。

金額面が最大のネックでしたが、地主さんと借地人さん双方で歩み寄りお互いが納得できる金額で解決できました。

POINT

借地の問題は、複雑な状況が絡み合うことが多々あります。その際、お互いが自分の主張にこだわらず、「円満解決するにはどうしたら良いか?」を考えることが大切です。

この借地は誰のもの？ ひとつの借地に3人の借地権者が…

「借地権を売りたい。地主は承諾している。ただこの借地には、あと2人の借地人がいる」

こう言ってこられた借地人さんがいました。

まず、地主さんに話をうかがいました。

「そもそも、うちは1人の人に貸していた。いつの間にか、こんな形になってしまった……」

地主さんの話のとおり、この借地は最初1人の人が借りていました。借地人が代替わりするうち、全部で3軒の家が建つようになってしまったのです。

この3人の借地人はいとこ同士で、借地の上の適当な場所にそれぞれ家を建てたわけですが、地主さんもそれは了解していました。

建物は、3人の借地人さんの名義で登記されています。借地権は、建物が登記されている3人の共有（準共有）になります。ただ、借地人さんそれぞれの

借地範囲がハッキリしていません。

借地範囲がハッキリしないため、地代も等分して払っていました。

1軒だけのときは9万円でしたが、2軒のときはそれぞれ4万5000円、3軒になったときは各人が3万円ずつの地代になっていました。

相談に見えた借地人さんは、借地の真ん中に家を建てていました。

「私も、どこからどこまでがその人に貸している土地か、わかりません。その人が売りたい借地権は一番いい場所ですよね。ちょっと、御社のほうで整理してくれませんか？」

地主さんからの依頼で、さっそく整理を始めました。まず、残りの2人の借地人さんの意思確認です。

その結果、相談に見えた方以外に、もう1人の借地人さんが借地権を売りたい希望でした。残る1人の借地人さんは、借地権を買いたいとのことでした。

この場合、解決策は次のようになりました。

地代が3等分されていることから、便宜上、3人の借地を3等分して借地面積を確定させました。

そのあと、地主さんと3人の借地人さんとの間で、売買の条件及び、借地の

POINT

ひとつの借地に複数の借地人がいる場合、各人の借地範囲をハッキリさせる必要があります。まず、各人の借地範囲を早急に確定させることです。

借地権の整備

条件等を調整し皆さんが納得する形で、借地権を買いたい借地人さんに、借地権を売りたい2人の借地権を買ってもらいました。

こうすることで借地権が一本化でき、地主さんにも、借地権を買った借地人さんにも喜んでいただけました。

今回のケースは、関係者の皆さんが問題解決に向けて気持ちを合わせ、歩み寄っていただけたことが成功のポイントでした。

COLUMN

3-2

底地をめぐる隠れた確執

借地権を売りたい借地人さんから「地主さんがお隣さんなので、間に入ってまとめて欲しい」との相談がありました。お隣さんならご自身でやり取りしたほうがよいのではと訝りつつ話をうかがうと、これが非常に複雑な案件でした。

相談にこられた借地人をAさん、地主をBさん、もともとの地主をCさんとします。Cさんから土地を借りていたAさんとBさん。30年ほど前に、Aさん・BさんはCさんから底地を買わないかと打診されました。Aさんはその借地以外に所有権の自宅を持っていたため、わざわざ底地を買う必要がなく、そのまま借地として借りることにしました。Bさんは千載一遇のチャンスととらえ、底地を買うための交渉を始めました。ところが、「Aさんの底地も一緒に購入してくれるなら売ります」とCさんから条件をつけられたのです。Bさんは、本来であれば買う必要のないAさんの底地も購入することとなりました。これがそもそものトラブルの始まりでした。隣同士として良好に付き合ってきたAさんとしては、

「なぜBさんがうちの底地を買うの？」と不満に思ったそうです。それから30年が経過して、Aさんの借地上の建物も古くなり第三者への売却を検討することになり相談に来られたわけです。

まずは、地主であるBさんの意向を確認しなければ話は始まりません。Bさんは非常に温和な方で、第三者売却ではなくご自身が借地権付建物を買いたいと希望していました。Bさんらの提示金額は、地主の購入金額として普通の金額でした。ただし、一般的に地主による購入額は、第三者に売却するより若干低めになります。なぜなら地主による買い戻しは第三者への売却と異なり、地主への承諾料などの支払いが発生しないためです。

ここまでスムーズに交渉が進んで安心していたところ、Aさんから意外な回答がきました。「30年前うちの底地を購入したのは、将来安く借地を買い叩くつもりだったに違いない。その金額では売らず、借地非訟でも何でも辞さないのでもっと高く売ってほしい」。まさかの反応に愕然としましたが、借地非訟をするための条件や時間とコスト、Bさんの提示金額の妥当性などを繰り返し説明をし、半年ほどかけようやく納得していただきました。Bさんも、Aさんからの要望には少し驚いていましたが、当社が間に入り無事決済を迎えることができました。

2筆《ひっ》にまたがる1人の借地人さん。2人の地主のどちらが借地権を買うの？

「大阪在住ですが、品川に借地があります。その借地権を売りたいのですが、地主さんが2人います」

この方の相談です。地代は毎月3万円で、2人の地主さんに1万5000円ずつ払っていました。

2人の地主さんは、まったくの赤の他人でした。1人は近くに住んでいましたが、もう1人は離れたところに住んでいて、お互いの存在すら知りません。

この借地人さんの建物は、それぞれの地主さんの2筆にまたがって建っていました。どちらの地主さんも、自分がその借地の地主だと思い込んでいました。

「どうしたら良いのか？」

2人の地主さんとも、良い思案が浮かびません。

「スッキリさせるためには、底地を借地人さんと一緒に売るしかないでしょう

2筆にまたがる建物

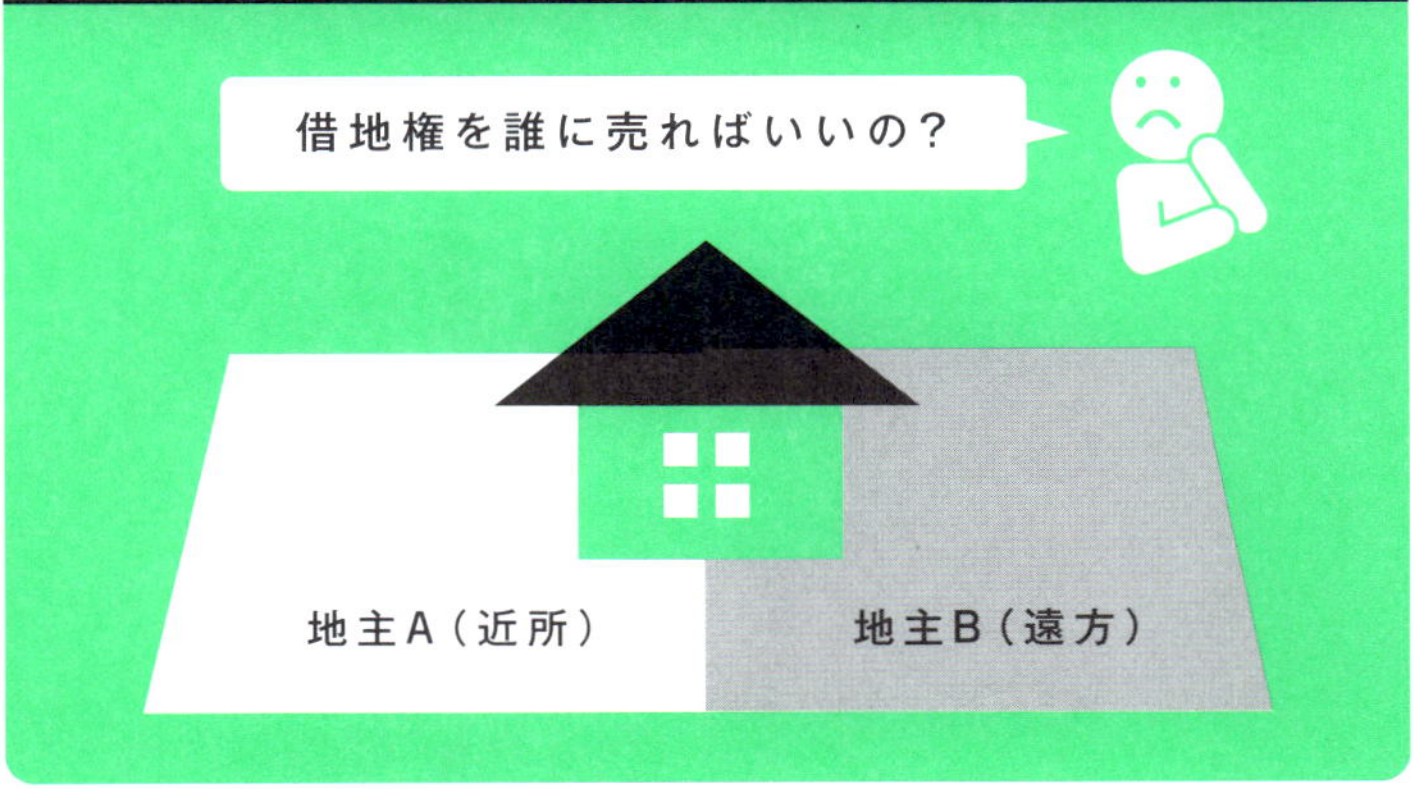

ね」

しかしながら、一般に売り出しても途中で3人がもめるとうまくいきません。そこでまず3人の方に売却希望額をうかがいました。

問題を抱えていて売却は難しい土地との認識もあり、売却希望額を聞かれても、皆さんなかなかイメージがわかないようでした。

そこで当社が購入する前提で、金額を皆さんに提案しました。多少の交渉はありましたが、金銭面は比較的すんなりと決まり、皆さんが歩み寄る形で解決を図ることができました。

POINT

地主さんは、借地人さんの家は自分の土地の上に建っていると思いがちですが、いくつかの借地にまたがっているという複雑な状況もあります。

共有名義の底地を売却したい。この場合のルールを知っていますか？

地主さんの底地が共有名義というケースもあります。つまり、複数の地主さんがいるわけです。

この場合、借地上の建物の建て替えや契約更新、あるいは底地や借地権の売却で必要な合意の形が違ってきます。

＊建て替えや契約更新、地代の変更や借地権の第三者への売却を承諾する場合……管理行為とされ、共有名義人の過半数以上の合意が必要

＊底地を売却する場合……処分行為とされ、全員の同意が必要

ただし、「借地権の第三者への売却を承諾する行為は管理行為ではなく、処分行為だ」とする学説もあります。

借地人が底地を買いたいと言ってきた場合、地主が共有名義だと面倒なケースになることもあります。

「借地人が底地を買いたいと言ってきた。オレは、売りたいと思う」

●共有名義
名義人が複数いること。

●管理行為
財産の性質を変更しない範囲で利用・改良する行為。財産の現状を維持するために必要な「保存行為」は、各共有者が単独で行うことができる。

●処分行為
財産の保管を超えて、その財産の性質を変更する行為。物理的に財産の現状を変更したり壊し

共有名義のお兄さんのほうは、弟さんにこう言います。お兄さんには、底地を売って現金を手にしたい理由があったのです。

「イヤ、土地は親父から相続したものだ。オレは売りたくない」

相談された弟さんは、お兄さんに反発します。

お金が必要なお兄さんは、弟さんに提案します。

「それなら、お前がオレの底地分を買ってくれ。それなら、お前の言うように土地を売らずにすむ、どうだ？」

弟さんにそれだけの経済的余裕があれば、お兄さんの提案をＯＫするかもしれません。余裕がなければ、売りたくない弟さんでも、お兄さんの底地分を買い取ることはできません。

こうなると、底地の売却は暗礁に乗り上げてしまいます。そればかりか、兄弟の仲も険悪になってしまうこともあります。


たりする事実的処分行為と不動産の所有権を第三者に移転する法律的処分行為がある。

POINT

底地が共有名義の場合、底地の扱い方にはルールがあります。後々のことを考えると、遺産分割協議の際、土地の名義は可能な限り単独名義にすることをお勧めします。

借地人が高齢化。地主としてどう対応する？

超高齢社会の到来で、地主さんも、借地人さんも高齢の方が増えています。

たとえば、高齢の方が借地に1人で住んでいる場合があります。

相続人もなく、認知症になってしまったとします。地代が未払いとなり、地主さんは未収金となります。未収金が続けば、地主は裁判をして契約を解除することができます。

このようなケースに出会うことが多くなりました。

しかし、実際には借地人さんとのいままでの関係から、地主さんが裁判にまで持ち込むことはほとんどありません。

地代も少ないケースがほとんどで、裁判に訴えても、成年後見人が未払地代を支払って結局は解除できずに、裁判費用だけが重荷になるおそれがあるからです。

近年は、地方行政などによる手厚い独居老人対応などもありますが、まだま

だレアケースといえます。

もし、現在身寄りのないお年寄りに土地を貸している場合は、早めに専門家に相談し、対策をすることをお勧めします。

POINT

身寄りもない高齢の借地人さんが1人で生活している場合、地主さんはどうすれば良いのか……。これからの超高齢化社会に向けて、この問題は避けては通れません。「地主としてどう対応するか」を、真剣に考えておきましょう。

新法施行25年、契約終了前に定期借地を返す人も出てきています

1992（平成4）年8月に、借地借家法が施行されました。施行後25年が経過し、新法で登場した**定期借地**に関する案件が増えてきています。

定期借地権において私たちの経験では、地主が底地を売りたい場合、借地人の60～70%は底地を購入する傾向にあります。残りの30%程度の方は、「定期借地契約だから、50年後に返すつもりでいた。特に底地を購入する予定はないですよ」といいます。

改正当時は、絶対に戻ってくる借地ということで地主に受け入れられたことで、多くの定期借地契約がされました。ところが、25年を経て様々な状況が変わり、底地を売りたいという地主さんのニーズがチラホラ出てきたのです。

一方では、借地人さんから、こんな相談が舞い込みました。この借地人さんは、未上場の自社株をストックオプションで持っていました。ITブームでその会社が上場し、かなりのキャピタルゲインを手にしたのです。

定期借地
更新がなく、定められた契約期間で確定的に借地関係が終了する。

借地人さんは、50年契約の定期借地権をおよそ20年で「更地にして返還したいのですが可能でしょうか？」とのこと。

「まだ30年定期借地期間がありますので、第三者へ売却されたらいかがですか？」とお勧めしたところ、「売る必要もないので更地にして返還したい」とのことでした。地主さんにこの話を持っていくと「いま、更地で返されても困ります」と困惑されておられました。

そこで、当社の顧問税理士、不動産鑑定士に相談した結果、

「30年の定期借地は残っているが解約を実施する。ただし、建物は取り壊さずに時価で地主さんが買い取り、リフォーム後、賃貸住宅として運用する」

という処理方法で解決することとしました。

清算は非常に複雑な計算式によりましたが、地主さん、借地人さんの双方が納得する形で処理することができました。

私たちも、50年の定期借地権がわずか20年で地主さんに返還されるとは思いもしない案件でしたので、非常に勉強になりました。

POINT

イレギュラーな事案は、法律上と税法上のハードルを越えなければなりません。ぜひ専門家の意見を聞きましょう！

第4章

こんなとき どうする？ 相続での 借地権トラブル

東京在住なのに、地方の地主になってしまった…地代管理だけで疲労困憊、どうすればいいの？

「自分は地主ではないから、底地も借地権も関係ない」

こう思っている方も多いでしょうが、ある日突然底地を相続するケースもあります。

ある方の場合、ちょっと大げさですが一夜にして地方の大地主になってしまいました。

「主人が1年前に底地を相続したのですが、地方都市なんです。東京住まいの私たちにとってその管理が重荷です。何か良い方法はありませんか？」

相談に見えたのは、奥さんでした。

この方はその地方都市の出身でしたが、大学入学後は東京で生活していました。

就職も結婚も、東京でした。

すでに両親を亡くしていましたが、実家はまだその地方都市にあり、祖母だ

けが暮らしている状況でした。その祖母が亡くなり、祖母の遺産を相続することとなりました。

資産家であることは聞いていましたが、実際の遺産は底地が大多数を占めていました。

なんと一夜にして20区画もの底地を相続することになったのです。

相続に必要な手続きは、地元の司法書士さんにお願いしたとのことです。

相続したのはよいが、地代の集金もままなりません。また、どこに底地があるのかもよくわからない状況で、いろいろと整備するだけで3年ほどかかり、その間の地代請求もできませんでした。

「新しい地主が東京に住んでいる」というだけで借地人さんも負担に感じたこと と思います。地主さんも「遠方から地代の請求をしても本当に支払ってくれるのかなあ……」と、お互い疑心暗鬼で時間ばかりが過ぎていきました。

初回の地代請求は、滞っていた3年分をまとめて一気に徴収することになりました。多少のトラブルはあったようですが、何とか無事に処理できたようです。

当初は、新地主さんの奥さんが地代の管理などを主に行っていましたが、慣れない仕事に奥さんにはかなりの負担となっていったようでした。インター

ネットで当社を知り、底地管理をお願いできればと相談に来られたのでした。「東京でのお仕事もあるし、帰省するのは大変でしょう。当社には『立替え払い付き地代管理システム』があります」

こうお話しすると、当社へ底地の管理をお願いしたいと決断されました。

この方の場合、年間の地代は全部で100万円くらいありました。固定資産税が50万円いくかいかないかです。

地代の計算は、奥様がやっています。当社は、奥様が算出した地代を借地人さんに請求します。集金した地代から管理費をいただき、残金をその方の口座に振り込みます。

「できれば、底地を買いたい」

借地人さんの中には、こう希望される方もいます。地主さんと相談のうえ、底地の売却交渉も行っています。

立替え払い付き地代管理システム

借地をめぐる、地主の煩雑な管理・運営業務を代行するシステム。契約の更新、地代・更新料・承諾料の集金などを借地問題のプロが代行するなど、迅速に問題が処理でき、安心・安全である。

POINT

底地を相続しても、経験がない方はどのような対応をしなければならないのかわからないことだらけです。できれば、相続の前に専門家に相談しましょう。

要注意！ 都市部では、借地権に相続税がかかるかも…

2015（平成27）年1月、新しい相続税制が施行されました。大きく変わったポイントは、**基礎控除額**です。

変更前の基礎控除額＝5000万円＋1000万円×法定相続人の数
変更後の基礎控除額＝3000万円＋600万円×法定相続人の数

相続財産の評価額から基礎控除額を差し引き、資産評価が上回る場合、その上回った部分に相続税が発生します。

この変更で、相続税を支払わなければならない人のゾーンが広がったわけです。

都市部や高級住宅地の場合、借地権だけで相続税のかかるケースがあります。

ある方の場合、都心を少し離れた高級住宅地に60坪の借地がありました。人

●**基礎控除額**
相続税の基礎控除とは、亡くなった人の遺産総額（＝相続財産）のうち課税されない部分になる金額のこと。相続財産が基礎控除額より少ない場合は相続税がかからない。

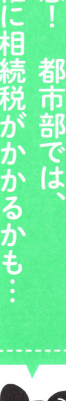

気のある場所で、借地権の相続税路線価における評価額は7000万円くらいになります。

「母親が借地権を相続して、自宅として住んでいました。その母親が認知症になり、介護施設に入ることになりました。娘の私がそこに移り住んで建て替えるか、建物はそのままで住んでしまおうかという話になりましたが、どうでしょうか？」

娘さんが相談に見えました。

万が一お母さんが亡くなると、その建物はお母さんの居住用資産ということで、自己居住用資産として相続税評価からの控除が受けられます。控除を受けると、相続税がかなり減額されます。

ところが、娘さんが住んでしまったり、建て替えたりしてしまうと、話がまったく違ってきます。

その借地は、お母さんの自己居住用とは見なされず、ただの不動産ということになってしまうのです。

結果として、予期せぬ相続税がかかってくることになってしまいます。

相談に見えた娘さんは、賃貸アパートに住んでおり、お母さんが介護施設に入ってからは、自分のアパート代と借地の地代7万円を払っていました。その支払いが大変なため、お母さんの住んでいた建物に住んだほうがいいかという話が浮かんできたという背景もありました。

地主さんは、娘さんの建て替えを了承していました。しかし、建て替えるよりも、お母さんの居住用として認められないと相続税の問題が気になります。

もちろん、相続税を支払う現金があれば問題はないのですが、現金はお母さんの介護のために使うので極力使用したくありません。

この事例は現在も、様々なケースを想定しながら専門家を交え検討中です。

POINT

将来の相続も見据えたうえで使用方法を考えておかないと、思わぬ落とし穴に落ちてしまうことがあります。

COLUMN

4-1

遺産分割という伏兵あらわる

「地主と長年もめていて供託もしている借地を第三者へ売却したい」ある借地人さんからの相談です。その敷地には、自身の借地権付建物と地主さんの母屋が2棟建っているとのことでした。借地人さんの建物は敷地の奥にあるため、道路に出るための通行でトラブルが発生したのが関係悪化の始まりでした。その後、借地人さんはその建物にいたたまれなくなり、他人に建物を賃貸していました。相続をきっかけに借地権付建物を処分したいとのことでした。

地主さんにお会いしてみると、意外にもトラブルを起こすような雰囲気が全く感じられない温和な老人でした。もめごとは先代同士のこと、何とも思っていないし、できればそのまま借地権を購入したいとのご意向です。

交渉を始め、条件面でも合意、契約まで進んだ段階で思わぬ落とし穴が待っていました。地主さんの登記が先代のお父様の名前だったのです。兄弟がおられるとのことでしたので、遺産分割をして単独名義とするのか、共有名義になるのか確認したところ、実は相続でもめていて兄弟たちがどんな反応をするかわからないとのこと。相続人はご本人を含め5名です。もし同意されない方がいた場合、借地権の単独での買い戻しは難しいと説明のうえ、各相続人の意思確認をお願いしました。

実際には1名の方のみが反対でした。残りの相続人は、トラブルを抱えた借地であることを知っていたので、その土地の相続を放棄しました。反対した1名の相続人とはその後協議を重ね、単独での買い戻しの同意をいただきました。借地権売却の承諾書も整い無事に取引が完了しました。2名の地主さんの間では、遺産分割の条件に関して現在も協議を重ねています。

借地人さんの相談から、地主さんによる買い戻しまでとんとん拍子で進んだかに見えましたが、最後の最後に問題が浮き彫りになる非常に印象的な案件でした。

売れますか？　うちの借地長屋

借地権は売れる——。

借地権が実際に売買されるケースが増えるとともに、借地人さんの意識も変わってきました。とはいえ、すべての借地が売れるとは限りません。いざ相続して、借地権を売却しようにも、どうにもできない方がいらっしゃることも現実としてあります。

大阪市などでは数軒が連なっている、いわゆる「長屋」があります。

たとえば、1戸2階建ての建物が50坪の土地に4戸分、長屋の形で建っているわけです。ちなみに、その長屋が建っている土地は借地です。

「借地権は売れると聞いているので、長屋でもそれなりに売れるだろう」

相談に見えた方は、父親が独居で4戸のうちの1戸に住んでいました。その父親が亡くなり、借地権を相続したのですが、自分では利用するつもりがないので売ろうと思って相談に訪れました。

ところが、こうした借地権を第三者に売るのは、非常に難しいのです。

「このような借地権は、第三者には売れません。地主さんに買い戻してもらうか、隣の人に売るぐらいしかありませんが、まず難しいです。幸運にも『買ってもいいよ』と言ってくれたとしても、思ったような金額では売れません」

と、お話しすると、「それはそうですよね」と言われる方がほとんどです。

結局、その借地権は隣の借地を持っている借地人さんに廉価で購入していただけたのでなんとか処理することができました。

地方公共団体によっては、建物の条件はあるものの、一定の条件をクリアすれば取り壊し費用の補助を受けることが可能です。

「ここは取り壊し費用の補助が受けられます。借地権も売りづらいですから、取り壊して地主さんに返したほうがよろしいかと思います」

条件に合う方には、こうお話ししています。今回のケースは、大阪市にはそうした制度がなかったので、隣の方が購入するという方法で解決することができました。

POINT

借地権なら、どんな借地権でも売れるとは限りません。リスクをしっかりと把握することが肝心です。

底地を買うか、借地権を売るか…共有名義は災いの元

とても仲の良い3姉妹で、両親が亡くなって借地権（地主は国）を相続したとき、借地を3人の共有名義にしていました。リフォームするときもその費用を3人で均等に負担し、固定資産税等も3人で均等割りにしていました。それほど、仲が良かったわけです。

その後、次女と三女は亡くなり、このときすぐに遺産分割協議をしました。その結果、長女は3分の1、次女の子ども2人にはそれぞれ6分の1、三女の子ども2人もそれぞれ6分の1ずつの相続となっていました。ただし、共有名義のまま放置してしまいました。

借地には、90歳の長女とその長女の子ども1人が住んでいました。場所は良い場所でしたが、建物は戦後間もなく建てた本当に古いものでした。部屋を一歩出ると、廊下は真っ暗といった感じの家です。

地主である国からは、「底地を売ります」という書類が定期的に届きます。

書類を見た長女さんは「土地を買いたい」と思いましたが、あいにくお金がありません。そこで、他の家族に相談しました。

実際に借地に住んでいる方と別の場所に住んでいる方では、やはり考え方が変わってきてしまうものです。どちらかといえば売却してお金で分けたいと思われる方が多くなっております。

実際にすんでいらっしゃる長女の方も、

「私の目がまだ黒いうちに、この話にケリをつけたい。皆が売却してお金で分けたいという意向があるのであれば、私はこの家を出て行くから、借地権を売りましょう」

と、甥や姪からの要望を受け入れる決心をしました。しかし、長女のところで話をうかがうと、本音がポロリと出ました。

「もともと、ここは私が単独で相続するはずだった。両親が亡くなったときに遺産分割協議をしなかったために、法定相続となり皆で維持費を協同で支払うこととしてしまった。正直この年になって、引っ越すのはつらいけど、私の代で決着をつけないと後々もめることになるかもしれないだろうから」

結果として、借地人さんが国から底地の払い下げを受け、最終的に底地借地を当社が同時購入する形で解決しました。もちろん借地人さんには、全員で持

関係図

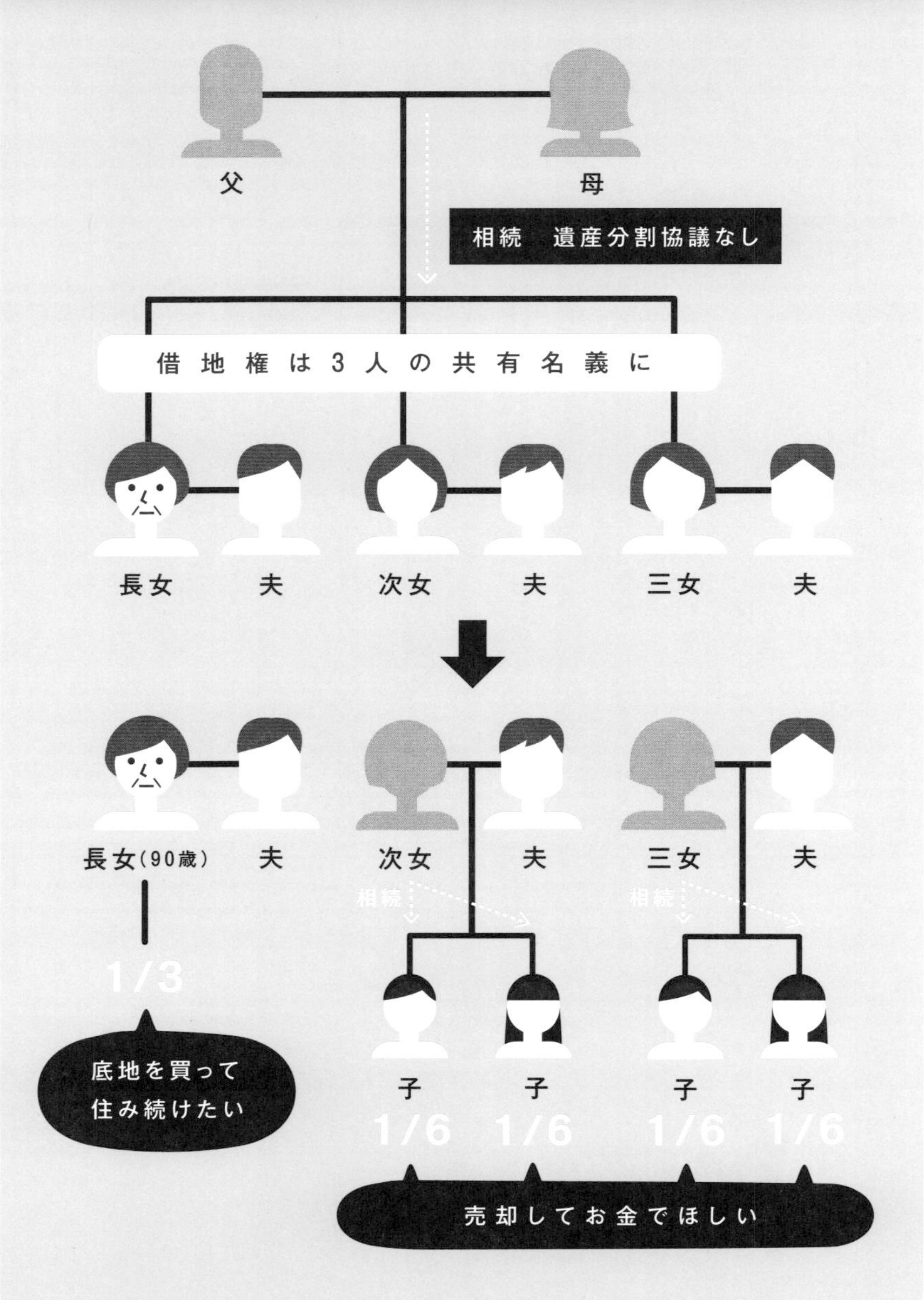
父
母
相続　遺産分割協議なし
借地権は3人の共有名義に
長女
夫
次女
夫
三女
夫
長女(90歳)
夫
次女
夫
三女
夫
相続
相続
1/3
底地を買って住み続けたい
子
子
子
子
1/6
1/6
1/6
1/6
売却してお金でほしい

分どおり売却金額を分割していただきました。

最終的には当社の買取価格にも納得いただき、皆様円満での解決が図れましたが、長女の方の決断がなければ、泥沼の争いへと発展するおそれがあった案件でした。

相続人の皆様の要望を丁寧に聞き取り、細かい疑問や問題を一つひとつクリアしつつ、お互いのことを思いやりながら少しずつ歩み寄った結果、皆がメリットを感じる形で処理できた最高の案件となりました。

POINT

共有名義の借地権の処理は、簡単ではありません。当事者間の妥協と歩み寄りが不可欠です。

増えてます！借地権の共有名義トラブル

「借地権を売りたいのですが、共有名義なので弟たちともめています」

相談に見えたのは、父親を亡くした長男でした。遺産と言うべきものは借地だけで、あと弟3人の法定相続人がいました。

「地代を払わないといけないんだろ。建物だって、オレたちが住むわけじゃないし。こんな借地はいらない」

相続直後、父親が残した借地は4人にとって「負の遺産」でした。誰も興味がないため、とりあえず4人の共有名義にしてしまったのです。管理は長男さんがすることになり、別のところに住みながら、長男さんはずっと地代と税金を払い続けていました。

ところが、借地権が売れるとわかったとたん、兄弟間の雲行きが怪しくなります。「負の遺産」が、価値のある「プラスの遺産」に一変したからです。

「オレたちにも相続権がある。借地権を売って、4分の1ずつ分けよう」

他の3人が、こう言い出したのです。どれほど仲の良かった兄弟でも、売れるとなると「自分も欲しい」となるのが人情です。実際このケースでは、売れるとはいっても高額で売れるわけではなく、地主さんからの売却条件もかなり厳しいものでした。長男さんは弟たちの態度に業を煮やし、

「じゃあ、オレはいらないから、借地はお前たちにやる。その代わり、いままでオレが払った地代と税金をオレにくれ。残った金額を等分しよう。あと、今日以降の地主さんとの交渉など面倒くさいことはお前たちでやってくれ。それがイヤだったら、先に**相続放棄**のハンコを押してくれ。いまなら、ハンコ代で5万円くらい出すよ」

協議の席に同席していた私たちも「そりゃ怒るのもムリないだろうなあ」と思ったくらい、弟さんたちのご要望は無茶なものでした。

その後、当社が論理的に数字を示し説明をした結果、長男さんの単独名義で遺産分割協議を実施し売却することとなりました。

相続放棄
相続開始後に、相続人が相続を拒否する意思表示。相続の開始があったことを知ったときから3か月以内に家庭裁判所に申し出る必要がある。

POINT
借地の共有名義は、最初は良くてもいつか火種になります。代替わりするとそれだけ相続人が増えて権利関係が複雑になり、売ることも難しくなりかねません。

高齢の三姉妹が借地を相続 意見を取りまとめたのは…

たった1人で借地権を相続しても大変なのに、複数で借地権を相続してしまった事例です。ただでさえこじれてしまう借地権問題が、1人のキーマンの活躍でうまくいった案件です。

借地人さんは80歳を超えた長男で、この方は一人暮らしでした。結婚歴もなく、子どももいません。この方には妹が3人いましたが、妹たちもみな70歳代以上でした。

借地人である長男は、私たちの前著『実践！ 借地権との上手なつきあい方』を4冊購入していました。1冊は自分用で、3人の妹にそれぞれ1冊ずつ配っていました。

なにか、予感のようなものがあったのかもしれません。この方はとても元気だったのですが、まもなく急逝されてしまいました。

亡くなった長男には、子どもがいません。3人の妹さんたちは法定相続人と

なり、お兄さんの遺産を相続することになります。

「借地権はどうしたらいいのだろう？」

3人の妹たちは相談を始めます。

借地権なんて相続しても、更地にして地主に返還しなければならないなんて面倒くさいと思われたようでした。正直なところ、3人とも遺産分割協議をどうしたらよいかもわかりません。

じつは、妹たちは兄から送られた本を読んでおらず、借地権が売却できるということを知らなかったようでした。運のいいことに、長女の息子さんがこの本を読んでおられました。

「本を読んだら借地権は売れるようですよ。一度この本を書いた会社に電話してみてはいかがですか」

しかし、妹たちは年齢も年齢だし、そこまでする元気はないと相談をためらっていました。

そこで、長女の息子さんが、お母さんたちの代わりに動き始めました。

この方を、仮にAさんとしておきましょう。Aさんは、自分の母親を含めた3人の相続人の意見をまず調整し始めます。

親族間でも皆好き勝手なことを言い始めて、意見がまとまりません。だいたいの方向性としては「借地権付建物は誰も使わないので地代だけ支払うのはつまらない。処分できるのであれば処分したい」とのことだけでした。

息子さんはまず当社にご相談に来られました。お話をうかがったところ、借地権は十分売却可能な場所でしたので、まずは地主さんの承諾を得るようアドバイスしました。

「借地権を売却したいけれど、承諾いただけるか確認することが必要です。借地権は原則、地主さんの承諾がなければ第三者へ売却できません」

Aさんは地主さんに会いに行きました。

「母たちが借地権を相続したのですが、皆利用するつもりがないので、できれば第三者へ売りたいと思っておりますがご承諾いただけますか？」

地主さんも、90歳くらいの方です。

「第三者に売却するなら借地権より所有権で売ったほうが高く売れるでしょう。じつは、私も高齢になり土地を処分しようと思っていたところです。もしよければ底地を買ってから売却してはどうですか？」とのお話をいただきました。息子さんは心の中で「いや〜、困ったなあ。売却したいと思ってたのに土地を買ってほしいだなんて」と思いました。

「ちなみに、おいくらでお売りいただけますか?」との質問に地主さんは、

「公示価格ベースで相続税路線価の借地権割合での底地分くらいでいいですよ。長年ご利用いただいてますし、伯父さんとはご近所として良いお付き合いをさせていただいたから」とのことでした。

「公示価格?　相続税路線価?　借地権割合?」

息子さんにはチンプンカンプンです。ただ、地主さんの温和な様子から「悪い話ではないな」と直感します。そこで再び当社に相談に来られました。

「それは非常に良い地主さんですね。おっしゃる金額で計算すると、大体これくらいの金額になります」とご説明しました。

実は、亡くなった長男さんは多額の現金を残していました。

「それくらいの金額なら伯父の残した現金で十分購入できます。帰って母たちと相談します」と喜び勇んで戻っていかれました。

ところが、話はすんなりとはいかなかったのです。

「まさかと思うかもしれませんが、母親と2人の叔母さんが、『お金が出てい

くのはイヤだ』と言い始めたんです。どうしたらいいか、教えてください」

息子さんは冷静に考えて、底地を買ってから売却したほうが、メリットがあると思っていたので、まさか反対はしないだろうと考えていました。

ところが、高齢の三姉妹には不動産売買になじみがありません。「この年になって、何もお金を出してまで使いもしない不動産を購入したくない。売れなかったら損するじゃないか」と、ここにきて話が頓挫しかけてしまいました。

いろいろな相談を受けていると、

このような「年齢も年齢なので、ムリはしたくない」というケースに結構な頻度で遭遇します。

そこで三姉妹と地主さん双方に、私たちができることを提案しました。

「当社が、地主さんから底地を、借地人さんからは借地を同時に購入させていただきます。地主さんは、底地を先般ご提示いただいた金額で売ることができます。借地人さんは、余計な出費をすることなく借地権を売却することができます。この形なら皆様のニーズをかなえることができます。当社も所有権として土地を転売することにより、ある程度の利益を頂戴することができます」

結果、皆さんから同意いただき、無事に私たちが底地借地同時購入する形で処理することができました。

もしAさんがキーマンとして動いてくれなかったら、この話はいまも解決していなかったかもしれません。

POINT

利害からちょっと距離があり、ものごとを公平に見ることのできるキーマンに任せれば、ややこしい話になる前に解決も可能です。

COLUMN

4-2

所有者と連絡が取れず、承諾が得られない！

ある借地人さんから、40坪ほどの土地の借地権を売却したいと相談をいただきました。地主さんと交渉したところ、借地権を買い戻したいとの意向でした。良い場所なので、買い戻したうえ賃貸アパートを建築しても十分収益が見込めると判断されたのでした。当初はその方向で調整が進んでいましたが、高齢になってからのアパート運営は負担と考えが変わった結果、地主・借地人双方で共同売却することとなりました。ある建売業者が購入することに決まり無事に解決できたと誰もが思っていました。

ところが、ここで問題が発生しました。前面道路である私道の通行と掘削の承諾が得られないのです。道路の所有者と連絡を取ることができません。毎日の訪問、電話や手紙など手を尽くしてもコンタクトできません。あとでわかったのですが、所有者は病床に臥し、看病していた奥様も認知症を患っていたのです。たまたま借地人さんと道路所有者の息子さんが同級生だったので、SNSで息子さんを探し当て何とか交渉がスタートしました。

しかし、道路所有者である父親は法律行為ができず、通行掘削の承諾書への署名捺印が得られません。法定相続人全員の署名捺印も、奥様が認知症では困難です。こうなったら承諾書なしで建売業者に購入してもらうか、時間がかかっても道路所有者側に成年後見制度を利用していただき承諾書を取得するか……。

解決策はそのいずれでもありませんでした。売却予定地の上水道、下水道、ガス管はすべて引き込み直さず既存のものを使うことで、掘削承諾の取得は必要がなくなりました。通行に関しては、道路所有者の息子さんから承諾していただきました。

権利関係が複雑になっているケースでは、地主・借地人双方が合意しても思わぬ問題が発生して頓挫することもあります。想定外の事態にも対応できるパートナーなら安心です。

任意後見人の落とし穴「借地権買い戻し」の代理権がない!?

ある程度の高齢になると、自分に万が一のことが起こる前に、**任意後見制度**を利用する地主さんもいます。

「十分な判断能力があるうちに、財産処分の権利を信頼できる人に委託しておこう。自分に何かあっても、そうしておけば安心できる」

このように考えた方がこの制度を利用されます。

任意後見制度は、自分の選んだ者（**任意後見人受任者**）と公正証書で任意後見契約を結び、将来の代理権を委任します。公正証書は公証人役場で作成し、書類は法務局に登記されます。

実際にその方が認知症になり、家庭裁判所が**任意後見監督人**を選ぶと、任意後見契約が発効します。そのときから、任意後見受任者は**「任意後見人」**として契約で決められた代理権等を行使することになります。

任意後見制度を利用する際、委任あるいは委譲する権利について、指定しな

●任意後見制度
本人の判断能力がある間に、将来、自分の判断能力が不十分になった場合のことを考えて、あらかじめ自己の生活や療養看護、財産の管理に関する事務の全部または一部を委託する任意後見人を決めておく制度。

●任意後見人受任者
将来任意後見人になる人で、任意後見契約の締

ければなりません。

お金や財産の管理については、まずほとんど網羅してあります。任意後見人は、地主の代理人として、財産管理や預貯金の管理及び支払などができます。不動産でも、底地や借地契約についてもまず委任されていますので、地代の管理などは問題なくできます。ところが、借地権のこまごましたことについて、委任が抜けてしまうことがあるのです。

実際にあったご相談です。ある借地人さんから「借地権を買ってほしい」との依頼がありました。まずは地主さんの意向を確認すべく連絡をしたところ、地主さんは任意後見をされていました。任意後見人は息子さんです。

息子さんがおっしゃるには、「第三者への売却は許可できませんが、私どもが買い戻しをいたしましょう」とのこと。

借地人さんの希望金額には届きませんでしたが、第三者への売却時の承諾料などを差し引くことを思えば悪い条件ではありません。

話し合いは順調に進み、いよいよ契約という段階までになったのですが、予期せぬ展開が待っていました。

任意後見の代理権限の範囲が記載されている登記簿を司法書士に確認しても

結をするほか、本人の考えや要望などを、できるだけ把握しておくようにする。

◎**任意後見監督人**

任意後見制度で任意後見人の事務を監督する人。家庭裁判所が職権により、弁護士・司法書士・社会福祉士など第三者の専門職を選任。

◎**任意後見人**

任意後見制度で任意後見監督人の監督のもと、任意後見契約によって委託した本人（被後見人）の生活や療養看護、財産管理に関する事務を行う人。

らったところ、代理権限の中に「借地権の買い戻し」ついての記載がありません。

「第三者への売却」の承諾業務などは網羅されていたので、念のため法務局に問い合わせたところ、「任意後見人には、借地権の買い戻しに関して代理権限はない」との回答でした。つまり任意後見人では売買契約ができないことになってしまいます。

そこで、任意後見監督人として指定されている弁護士から、借地権付建物の買い戻しを追認してもらえるよう、任意後見人である息子さんにお願いしました。

ところが弁護士からの回答はNOでした。

「任意後見監督人は、被後見人の財産保全に責任があるため、今回のように被後見人の資産を散逸するような借地権の買い戻しは言語道断である。借地人が借地権を必要としないのであれば、更地にして返還すべきであり一切の金銭的補償はしない。借地権付建物の買い戻しに関しては追認しない」

との厳しい回答でした。

地主さんの任意後見人と借地人さんが、1年という時間をかけて合意したにもかかわらず、契約寸前で頓挫してしまいました。

私たちは、任意後見監督人の弁護士が、任意後見人の業務を不当に妨害しているとして別の弁護士を代理人として、裁判上の制度を駆使して対抗しました。最終的には、地主さんによる借地権を買い戻しと同じ効果が出る方法で処理することができました。解決までには、さらに1年という時間がかかりました。

相談から実に2年。最終的に売買という形で処理できなかったため、当社の取得するはずだった仲介手数料はなくなりました。ほとんど収益になりませんでしたが非常に勉強になった案件でした。

POINT

任意後見契約の公正証書は作り直しがききません。自分の財産の中に底地があれば、任意後見人を指名する際、借地権についてきちんと指定しておくことです。

相続が発生したら、遺産分割協議で後顧の憂いを断ちましょう

「何も問題がないようだけど、なぜ相談にこられたのだろう」

そのような相談には、トラブルの発端が借地権の共有名義にあるケースが少なくありません。

相談に見えたのは、ある男性でした。

話をうかがうと、借地の場所も良く、地主さんとの関係も良好とのこと。冒頭のように何を相談しにと訝しく思ったところ、遺産分割協議がされていないためのトラブルでした。

このご家族は、長男が最初に亡くなっています。祖父がその次に亡くなり、次に三男、その次に祖母が亡くなっています。

祖父が亡くなったとき、「次男にすべてを相続させる」という祖父の遺言もありましたが、口頭のみで文書に残ってはいません。

当社が相談を受けたとき、残っている家族は次のようになっていました。

＊長男の家族……奥さんと2人の子ども
＊次男の家族……次男と奥さんと1人の子ども
＊三男の家族……奥さんと2人の子ども

地代は次男が払い、建物の固定資産税等は三男の奥さんが払っていました。建物は空き家となっておりました。

「底地を買いませんか？」

その段階で、地主さんが次男に話を持ちかけてきました。

そのときに底地を買えば良かったのですが、次男は借地権を売りたいという考えでした。そこで、三男の奥さんに相談すると、この奥さんは買いたいご意向でした。

「ところで借地権は誰のものなの？」

建物の登記名義は祖父のままで借地契約書はありませんでした。

長男の2人の息子さん、次男、三男の奥さんと2人の子どもさん。

これだけの相続人がいることになります（注）。

このうち、金銭的な負担を負っているのは地代を払っている次男と、固定資産税を払っている三男の奥さんだけです。

「借地権の遺産分割協議をするから、申し訳ないが相続放棄をしてくれません

（注）
祖父より長男が先に亡くなっているので、長男の奥さんは相続できません。

関係図

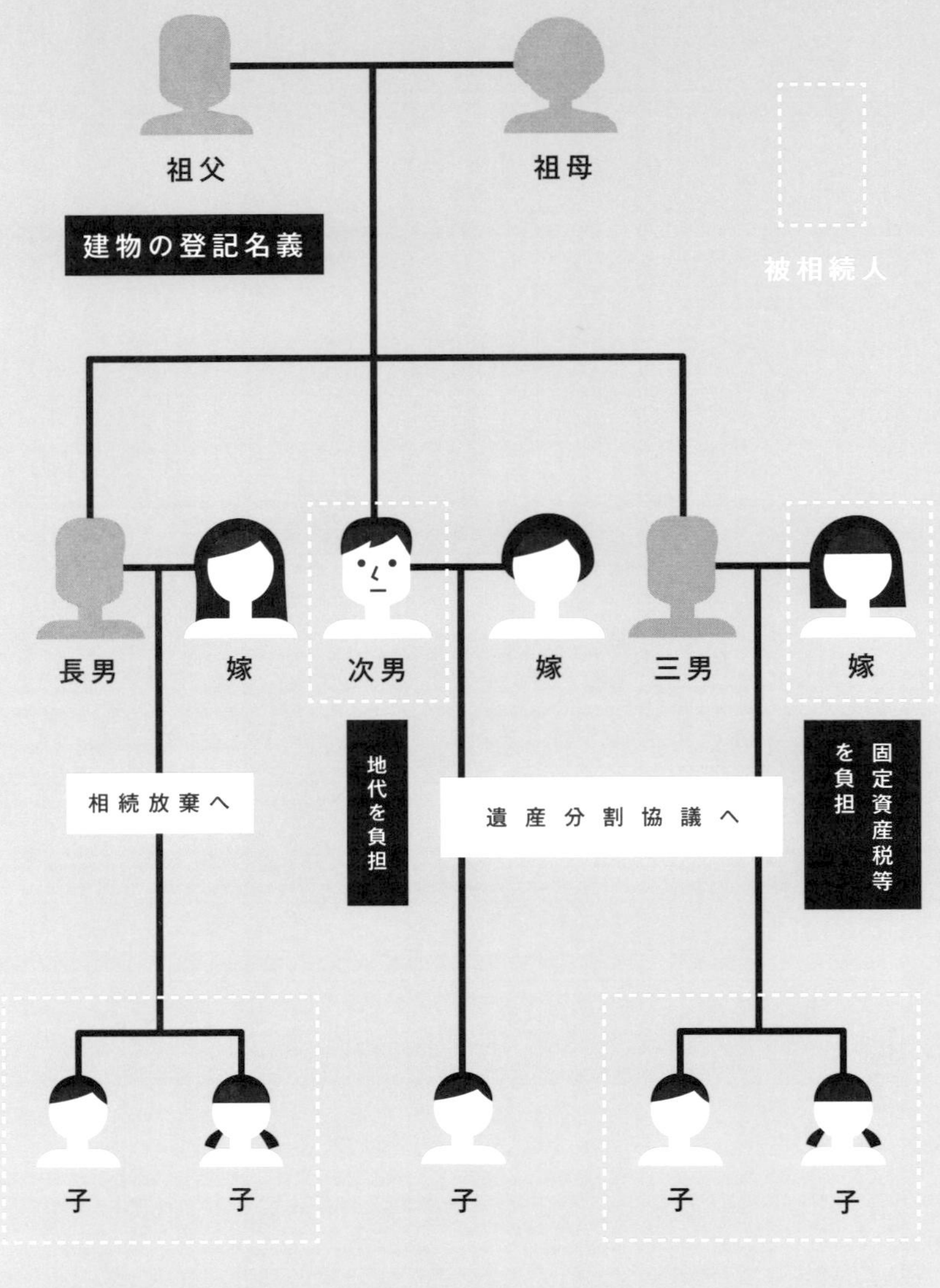

祖父
祖母
建物の登記名義
被相続人
長男
嫁
次男
嫁
三男
嫁
相続放棄へ
地代を負担
遺産分割協議へ
固定資産税等を負担
子
子
子
子
子

か？」

このようにお願いしたところ、金銭的な負担を一切負っていない長男のご家族全員、相続放棄に同意してくれました。

次男と三男の家族は、それぞれの持分について話がこじれていました。ところが、お話をよく聞いてみると、底地を買いたい方は資金的に底地を購入できないことがわかりました。

そこで、それぞれのメリットとデメリットをご説明して、時間をかけて交渉した結果、売却して金銭で分けることとなりました。

結果として、底地と借地を当社が購入しました。借地人さんには遺産分割登記を実施していただき、建物登記名義人より当社が借地権付建物を購入、持分により金銭で分割することで解決をはかりました。

POINT

借地人さんも、地主さんも、相続が発生したらなるべく早く遺産分割協議を実施、相続登記をしましょう。できるだけ複雑相続は回避してください。

「なにがなんでも裁判で決着を」という方は弁護士に相談ください

「地主ともめている。いままでいろいろ理不尽なことを言われた。裁判で白黒つけたい」

弁護士事務所に相談に行きたいけど敷居が高く感じるのか、当社を弁護士事務所と勘違いしているのか、こんな相談をしてくる借地人さんもいます。

「そういう話は、弁護士のところに行ったほうがいいですよ」

私たちとしては、こうお答えするしかありません。

地主さんと借地人さんのトラブルだけでなく、借地権を相続した相続人の間のトラブルもあります。

「兄弟で相続した借地権を売りたい。地主さんには話を通してあります」

こう相談に見えた方は、2人兄弟の長男さんでした。

父親は早くに亡くなっていましたが、その母親が亡くなって遺産分割協議をすることになったのです。遺産は、非上場の株式と借地権でした。

上場している株式は、時価で評価します。上場していない会社の株式が遺産だった場合、その評価をどう見るかという問題が出てきます。

結局、この株式の分割でお2人がもめてしまい、その悪い流れが借地権の処理にも及んでしまいました。

「借地権だけど、これは売って折半しようぜ」

弟さんのほうは、法定相続の持分を主張します。

「お前、あのときお母さんから○○万円もらったよな。その分、お前が相続する財産から引きたい」

長男は、弟に向かって口火を切ります。

双方で言い合っているうちに、昔からの感情がむくむくと頭をもたげ、話をどんどん悪いほうへ導きます。

過去にもらった分をどうするのか……。

相続では、こうしたものを**「特別受益分」**と言います。これについては、純粋に法律的な手続きですむ場合もあります。ただし、金額についてはもめることもあります。

実は、亡くなった母親は次男を溺愛していました。長男にとっては、それが

特別受益分
相続人の中に特別に被相続人から生前贈与などにより利益を得ていた人がいる場合の、その受けた利益のこと。特別受益が認められると、その相続人の特別受益分について受益者の遺産取得分が減額される。

積年の恨みになっていたのです。

借地は埼玉県の中心市街地だったので、第三者への売却は十分可能な場所でした。地主さんにうかがったところ、借地権の買い戻しはできないので第三者へ売却してもらってよいとのこと。借地権の売却についての話はスムーズに進んでいきます。

ところが、ご兄弟の遺産分割協議は進むどころか、互いの感情がもつれにもつれ、借地権の売却どころではなくなってしまいました。結局、お互いが歩み寄ることなく、この案件は頓挫することとなってしまいました。

借地権売却については順調に進んだものの、借地人さんの家族間の問題で暗礁に乗り上げるという残念なケースでした。

POINT

お互いが主張だけをし始めると交渉がうまく進みません。少しずつ歩み寄り皆が納得する形で処理しましょう。

第5章

借地権の難問解決はお任せください！

専門業者もお手上げ！世紀をまたいだ因縁事案を解決

「もう70年も地主さんともめています。過去に大手の不動産会社2社に相談しましたが、2社ともお手上げでした」

相談があったのは、都内在住の借地人さんでした。90歳を超えていました。70年前と言えば、戦後間もなくです。長いもめごとです。

この方の借地は１００坪、一方、隣接する地主さんの土地は50坪でした。なぜ、借地人さんのほうが広いのでしょうか？

もともと戦後間もなく、借地人さんは、１５０坪すべての土地を別の地主から借りて住んでいました。終戦直後で住宅も数少なかったため、借地人さんの借りている土地に今の地主さんが同居していました。

ある日、元の地主さんが、

「いま使っている１５０坪の土地を買わないか？」

と借地人さんに申し入れてきました。

当時、住宅ローンはまだ整備されておらず、土地の購入が一般的ではなかった時代のことです。借地人さんは断りました。

借地人さんが「買わない」と返事したため、元の地主さんは借地人さんと同居しているいまの地主さんに打診をしたところ、いまの地主さんが土地を購入してしまったのです。

間借りしていた同居人が地主になったことで、もめごとが起こってしまいました。その後70年の間にいくつかの裁判を経ながら、地主さんは50坪を所有権として、借地人さんは100坪を借地として利用する形に落ち着いたのでした。

これが、70年にも及ぶトラブルの

概要でした。

相談にこられたとき、地主さんは孫の代、借地人さんの方も子どもの代に代替わりしていました。子どもの代とはいえ、借地人さんはすでに90歳を超えていらっしゃいます。

「自分も高齢になったし、このまま息子に引き継ぐのも申し訳ない」

こう考えた借地人さんは、第三者に借地権を売ることを考え始めました。

そこで大手不動産会社2社に依頼しますが、うまくいきませんでした。借地権を第三者に売るには地主さんの承諾がいるからです。しかし、両社とも地主さんに会うことすらできなかったのです。

「困り果てて読んだ『実践！　借地権との上手なつきあい方』で御社のことを知りました」とのことでした。

話をうかがい、すぐに地主さんに挨拶文を郵送しました。

郵送後、到着したころを見計らって電話を入れますが不在が続きます。3日おきぐらいに連絡をしても、いつも留守電です。やむなく留守録で事情を説明していました。

「いつもすみません」

2か月ほど経過したころ、突然、受話器から女性の声が聞こえました。どう

20[redacted]年[redacted]月[redacted]日

[redacted]様

[redacted]様

住友林業レジデンシャル㈱

借地権事業部：[redacted]

ご　あ　い　さ　つ

拝啓

盛夏の候、ますますご盛栄のこととお慶び申し上げます。平素は格別のご高配を賜り、厚く御礼申し上げます。

さて、この度、[redacted]の土地を借りております[redacted]様より借地権についてご相談を受けております。

お話を伺った限りでは、ご自身も高齢となっており、このままの状態で子供達に残すことも忍びなく、地主様のご協力を得ながら何らかの解決を図りたいと思っていらっしゃるようです。

つきましては、今般、[redacted]様から借地権に関して調整いただけないかとご依頼をいただきましてお手紙を書いたしだいです。

そこで、一度[redacted]様宛てお伺いいたしまして[redacted]様のご意向を含めてお打合せできればと思っております。

このお手紙が届くころに、私よりお電話をさせていただきますのでお時間頂戴できればと思います。

尚、当社は住友林業㈱のグループ会社で住友林業㈱が建築しましたアパート・マンションの管理をしている会社です。その中で私の所属する部署は借地権を専門に扱っております。当社のパンフレット及び私が 5 年前に執筆いたしました「借地権との上手なつきあい方」を同封させて頂きますのでお時間のあるときにでもお目通しいただければ幸いです。

以上お手数をおかけ致しますが宜しくお願いいたします。

敬具

やら、地主さんの奥さんのようでした。

「このままだと、借地非訟という裁判になってしまいます。お互いつまらない思いをすることになりますので、とりあえず、どうなるかを文書にまとめてお送りします」

まとめたその解決案文が、157~159ページの文書です。

「借地人さんは、借地権を第三者に売却できます。地主さんが承諾した場合はこうなって、承諾しない場合はこうなりますよ。地主さんが借地を買い戻すケースもあります。等価交換もあります。優先順位としては通常、『A、C、D、B』です。そちらのほうでどうしたいのかを検討していただいて、一度会いませんか」

と内容をかいつまんでお話ししたあと地主さんとお会いすると、「できることなら借地権を買い戻したいが、買い戻す現金がない」とのことでした。

地主さんの本音を聞き、次のような提案をしました。

「じつは、借地人さんとは、当社が借地権を購入するつもりで話をしていました。そういうことでしたら、地主さんが借地権を買い戻し、その土地にアパートを建ててはいかがでしょう。アパート建築をしていただければ、当社で30年間の一括借り上げをすることも可能です。その収益で、借地権の買い戻し金額

20[redacted]年[redacted]月[redacted]日

[redacted]様
[redacted]様

住友林業レジデンシャル㈱
借地権事業部：[redacted]

借地処分に関する一般的な方法に関して

拝啓
盛夏の候、ますますご盛栄のこととお慶び申し上げます。平素は格別のご高配を賜り、厚く御礼申し上げます。

さて、先般お電話を差し上げましたときに、[redacted]様におかれましてはお仕事などで忙しいとのことでお時間がいただけない旨お伺いいたしました。

そのときに奥様と多少お話をさせていただき、借地処分に関してどのような方法があるのか一度文章にて提案して欲しい旨、ご相談されました。
つきましては、下記要領にて借地処分に関しては実施できるかと思います。是非ご参考にして頂きまして、ご検討いただければと思います。

このお手紙が届いたころ再度ご連絡させていただきます。

以上今後とも宜しくお願い申し上げます。

敬具

①借地を第三者に売却する場合

A：地主の承諾が取得可能な場合

売却に際し、地主は承諾料を取得することが可能です。ただし、借地権付建物の場合は老朽建物が多いため次の購入者は建替えも同時に実施いたします。そのため、建替え承諾料も取得することが可能です。また、購入に当たり融資を受けることが多いため、地主には新借地人の融資にご協力（銀行所定の地主の承諾書に署名捺印、印鑑証明書添付）いただく必要があります。融資の条件で購入後 20 年の借地契約が必要と銀行にいわれるケースもありますので売却時、現状の借地契約残期間にプラスして 20 年契約をして頂く必要もありますのでそのときに更新料の取得も可能となります。つまり借地人は第三者に売り渡す金額の中から、地主に「譲渡承諾料、建替え承諾料、更新料」を支払う必要があり、地主はそれらを取得する代わりに銀行融資の協力などをするといった形となります。

B：地主の承諾が取得不能な場合

売却に際し、地主の承諾が取得できない場合は、東京地方裁判所民事 22 部に借地非訟を実施し、地主の変わりに裁判所が第三者へ売却する承諾を出して頂きます。その場合地主は譲渡承諾料、建替え承諾料などは裁判所の鑑定委員が算出する金額を取得することは可能ですが、契約書に記載のない更新料の取得は不能となります。また、地主側も代理人弁護士を立てる場合は弁護士費用等追加で発生してしまいます。借地非訟案件の借地権付建物を購入する方は、専門業者に限られるため借地人の売却金額が安くなることがあります。

地主、借地人双方に時間と金銭的負担及び精神的負担がかかりますので、借地非訟を実施しての売却はレアケースとなります。

C：地主が借地を買い戻す場合

地主が借地を買い戻す場合は、借地権付建物を地主が購入して借地人に退去していただくことになります。第三者売却のときは「譲渡承諾料等」が取得可能ですが、地主による買戻しの場合は売却価格からそれらの承諾料分を減額し、また、取壊し費用も減額するなどお互いの交渉により決して行きますので、地主は比較的安く買い戻すことが出来ます。

しかしながら、お気持ちの中では買い戻すことに抵抗がある方も多いですが、旧借地権の場合は一度貸したら帰ってこない（借地非訟制度があり、地主の承諾を得られなくても、裁判所が変わりに承諾を出してしまう。）ことが原則のため、地主が借地を取り戻す千載一遇のチャンスとなります。

D：等価交換実施の場合

借地人の借地部分を 5 分 5 分で等価交換により、お互いに借地面積を半分ずつ所有権で取得します。税務上 1.2 倍までの財産的価値のものであれば等価交換可能となり、今回のケースは借地人：地主の割合＝6：4 のため、一見等価交換不能に感じますが（6：4＝1.5 倍のため）土地の分割の仕方などにより評価を 1.2 倍以内に抑えることで等価交換を実施します。その場合は、お互いに購入資金を用意することなく所有権化できますので資金的に難しい高齢の方の場合この等価交換は有効です。等価交換後は所有権となりますので（面積は半分になりますが）処分はし易く、換金性及び有効利用度が非常に高まります。

地主は分筆に関する測量費用を、借地人は引越し及び建物撤去費用を負担します。等価交換契約は法律上難しい契約ですので当社のような専門業者及び不動産鑑定士、税理士などを間に入れて実施することが必要でその費用は、各々負担となります。とはいえお互いが得られる利益から考えますとその金額の５％～８％ほどとなります。

以上のように概ね借地権の処分に関しましては上記 4 通りが一般的です。当社の事例では A→C→D→B の順で多く実施されますが、今回のように面積が広く高額な財産的価値の場所では D の等価交換がお勧めです。尚、金額的な目安に関してはすべて割愛をさせていただきました。是非一度上記 A～D をご検討いただきまして、一度お時間を頂戴できればと思います。

以上

とアパート建築費のローンを返済するというのはどうですか？　これなら融資が下りやすくなります」

この提案に、地主さんも半信半疑でしたが、プランを作成し、地主さん、借地人さん、銀行などと打ち合わせして、皆が納得する形で処理することに成功しました。

苦節70年、何度も裁判をくり返し、大手不動産会社もお手上げだった案件を当社が1年で解決した瞬間でした。

後日談ですが、借地人さんは借地権を売りますから、引っ越す必要があります。

「マンション購入を不動産会社に申し込んだところ、信用されなかったよ」

借地人さんから電話が入りました。

この方は90歳を超えているため、不動産会社は本気でマンションを買うとは思わなかったようです。

住み替え物件として、当社のグループ会社を仲介として、現地からそう遠くないマンションを購入していただきました。

地主さん、借地人さん双方が、当社への依頼が「最後のチャンス」という強い想いで取り組まれたことが解決につながったのではないかと思います。

POINT

努力すれば、解決の道は開けるものです。解決能力のあるパートナーを探しましょう。

COLUMN

5-1

この木はどっちの所有物？

借地の境界上、とくに敷地の角などに大きな木が植わっていることがあります。古い借地になると、「冗談のような話ですが、「ここからあそこの木まで土地を貸してあげるよ」「借地の境界がわかるように木を植えておこう」などということが本当にあります。そのような目印の木が50～60年を経過し大木に成長しているというわけです。

立木に関しては、借地人が剪定などの管理をしているケースがほとんどですが、いざ借地権を売却しようとすると、こうした木をめぐってトラブルが発生することがあります。

地主さんが借地権を買い戻すある案件でのこと。地主さんは「更地渡し」を希望していたので、借地人さんは建物を解体のうえ滅失登記をして引き渡さなければなりません。ここで立木の問題が生じました。借地人さん曰く、「管理はしたが、立木はもともと地主さんの所有物なのだからそのままで戻したい」。

それに対して、地主さんは「伐採と抜根」をしたうえで引き渡して欲しいと意見が対立してしまいました。ちなみに立木の伐採は30万円程度、抜根も30万円ほどの費用が必要です。思わぬところで交渉が頓挫してしまいました。

一般の住宅には似合わないほど立派な木でしたので、本来は借地人が伐採抜根して引き渡すのが筋かもしれませんが、交渉の結果、伐採は借地人さん、抜根は地主さんが実施するとのことで合意を得ました。土地を貸した当時、地主さんと借地人さんの先代同士は非常に仲がよかったそうです。

借地の目印としてお互いが大切に育ててきた木が巨木に成長し、最後の最後にもめごとの原因になるとは、まさか先代同士も思わなかったことでしょう。

行政からの依頼だったのに…建物を取り壊したら大事になった

借地人さんは、借地上に2棟の建物を建てていました。

そのうちの南側の古い建物には誰も住んでおらず、空き家対策の一環として、取り壊すよう行政から言われました。行政からの依頼ですから、言われたとおり、借地人さんは取り壊してしまいました。

建物の取り壊しは、基本的に地主さんの承諾が必要です。建物がなくなってしまうと借地権が保全できなくなるリスク（注）を負いますが、この借地人さんはそのことを知りませんでした。

「固定資産税と都市計画税が上がった。借地人が建物を取り壊したようだ。建物がないのだから、借地権は消滅したのでは？」

地主さんが、駆け込んできました。

住宅が建っていると、固定資産税と都市計画税の軽減措置があります。1棟を取り壊したため、その分の税金が増えてしまったのでした。

（注）底地が売買されたような場合、底地の買い主に借地権の存在を主張できないといったリスク。

借地契約書を確認したところ、建物を取り壊しても、期間満了までは借地権がそのまま継続するという条項が入っていました。

地主さんに事情を話したところ、地主さんもできるだけ穏便にすませたいとの意向でした。

この地主さんは周り一帯を持っている大地主さんだったので、等価交換を提案しました。

建物を取り壊した南側の借地と地主さんが持つ北側の底地を等価交換してそれぞれ所有権として取得するという提案です。

「借地人さんも等価交換ならぜひお願いしたいとおっしゃっていますがいかがですか？」

地主さんも裁判までして白黒つけるのは本意でないということで、最終的には理解していただいてOKが出ました。

うばい合えば足らぬ　分け合えばあまる

第1章の最後でも、紹介した言葉です。どんな問題でも、この言葉にまさる知恵はありません。

POINT

行政から言われると、建物を取り壊してしまう借地人さんがいます。建物があって、その建物の登記をして初めて借地権は保全されます。くれぐれも安易に建物を取り壊さないようにしましょう。

道路拡張で借地が削られる明け渡し期限のカウントダウンが始まった

「借地人で貸している土地の前面道路が拡幅となり、敷地の一部を行政に引き渡す期限が近づいているのですが、借地人さんの明け渡しが一向に進みません。借地人さんと会ってもらえないだろうか？」

地主さんからこんな相談をいただきました。

話をうかがうと、消防の関係で、借地前の道路を6mに拡幅することに以前から決まっており、いよいよ明け渡し期日が迫ってきたのでした。

タイムリミットが決められていて、時間にそう余裕はありません。

この借地には2人の借地人さんがいて、建物が連棟で建っていました。1人は床屋さん、もう1人はサラリーマンでした。

2人の借地人さんの建物は道路に面して建っており、拡幅によりそれぞれ1mほど建物を取り壊さないと引き渡しができません。

「できればこのまま土地を借り続けたい」

床屋さんの希望はこうでした。床屋さんがこのまま借りるとしても、建物の一部を取り壊さなければならず、店のスペースが狭くなります。そこに難色を示していたため、期日が近づいても話が進んでいなかったのです。

「長年借りた借地だけど家も狭くなるし、今回はいい機会だから近くにマンションでも買って引っ越すつもりです」

もう1人のサラリーマンの借地人さんは、こう言います。

地主さんにその旨をお話ししたところ、「借地は狭くなるが更地で返ってきても困るので、新しい借地人さんを見つけてもらえないだろうか」とのことでした。

ここで、借地人さん地主さんのご要望を整理すると、床屋さんは「狭くなるのがイヤだ」、隣の方は「更地にして出て行きたい」、地主さんは「そのまま借地として借りていてほしい」とのこと。

そこで、地主さんにこう提案しました。

「ダメでもともとなので、床屋さんに隣の借地を購入しないか聞いてみましょう。借地権の売却や承諾関係、行政との対応などは、私たちが間に入って整理してみます」

地主さんからは、

「床屋さんが買ってくれれば丸く収まるけどねえ。ぜひお願いします」

と、了解をいただきました。

「お隣りが借地権を売ってもよいとおっしゃっています。お店金額も高くはないです。お店が狭くなることが気がかりでしたら、思い切って隣の借地権付建物を買ってリフォームされたらいかがですか」

そうお伝えすると、床屋さんは具体的に話を進めたいとのことでした。

ところが、地主さんと隣の借地人さんとの条件はすんなり決まったのですが、建物リ

道路拡張で借地権はどうなる？

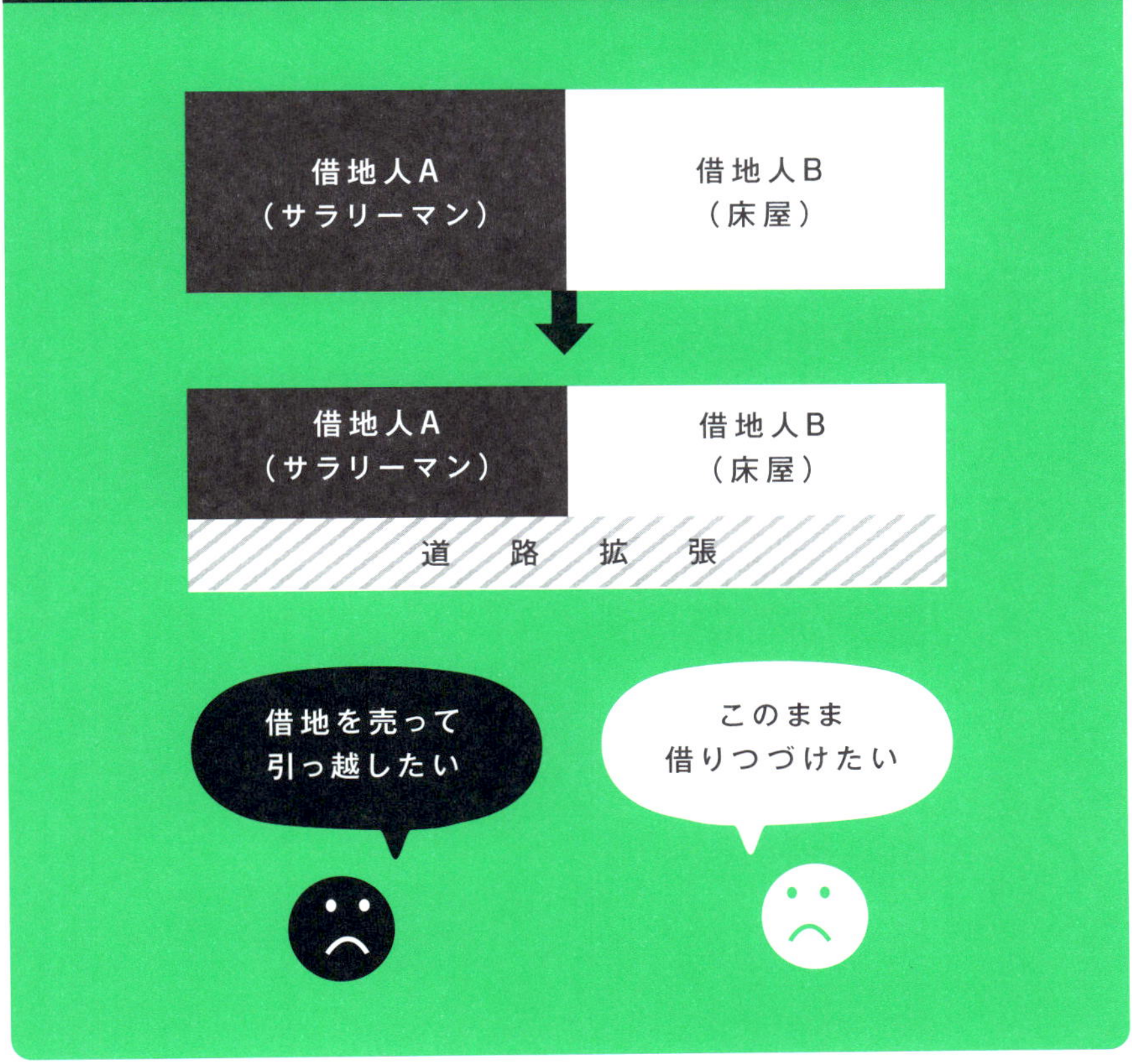

フォームが思うように進みません。道路拡幅のためには建物を1mほど取り壊せば十分なのですが、古い木造住宅のため1mで切り離すことができないのです。およそ1間（1・82m）分、そこにある柱まで取り壊さなければ、リフォーム費用がかえって高くつくことがわかったのです。

結局、1間分を取り壊してリフォーム費用を抑えるプランで床屋さんには納得していただき、行政への明渡し期限1週間前に何とか無事に引き渡すことができました。

そもそもの依頼人は地主さんでしたが、床屋さんとは何度も打ち合わせをするうち仲良くなったことが、リフォームプランに譲歩をいただけた要因だったかもしれません。

地主さん、床屋さん、隣の借地人さん、みなさんに喜んでいただけた案件でした。

POINT

床屋さんの営業面積は狭くなりましたが、隣の建物を購入できたため、自宅として使えるスペースは広くなりました。関係者のニーズをいかに満たすことができるかが解決のポイントです。

お寺の地主さんから底地を購入する

「借地権を相続しましたが、その底地を買って建て替えたい。交渉をお願いできませんか？」

借地人さんの依頼でもっとも難しいのが底地の買取りです。

「底地の買い取りは、ほぼ無理です」と答えしたところ、「お寺の地主さんから底地を買わないかと言われた」とのことです。

お寺が底地を売るというケースは、私どももめったにお目にかかれません。

「お寺さんは、財産処分に関して宗教法人登記の記載に沿った処理をしないと資産の処分ができません。そのため、ほとんどの場合、底地を売ってくれることがありません。とりあえず、地主さんに会いましょう」

お寺の話によれば、本来、底地売却は寺の財産処分にあたりなかなか難しいのですが、今回は思いがけず許可が下りたとのこと。

「本当に底地を売ってくれるんだ」と金額を確認すると、借地人さんの想定金

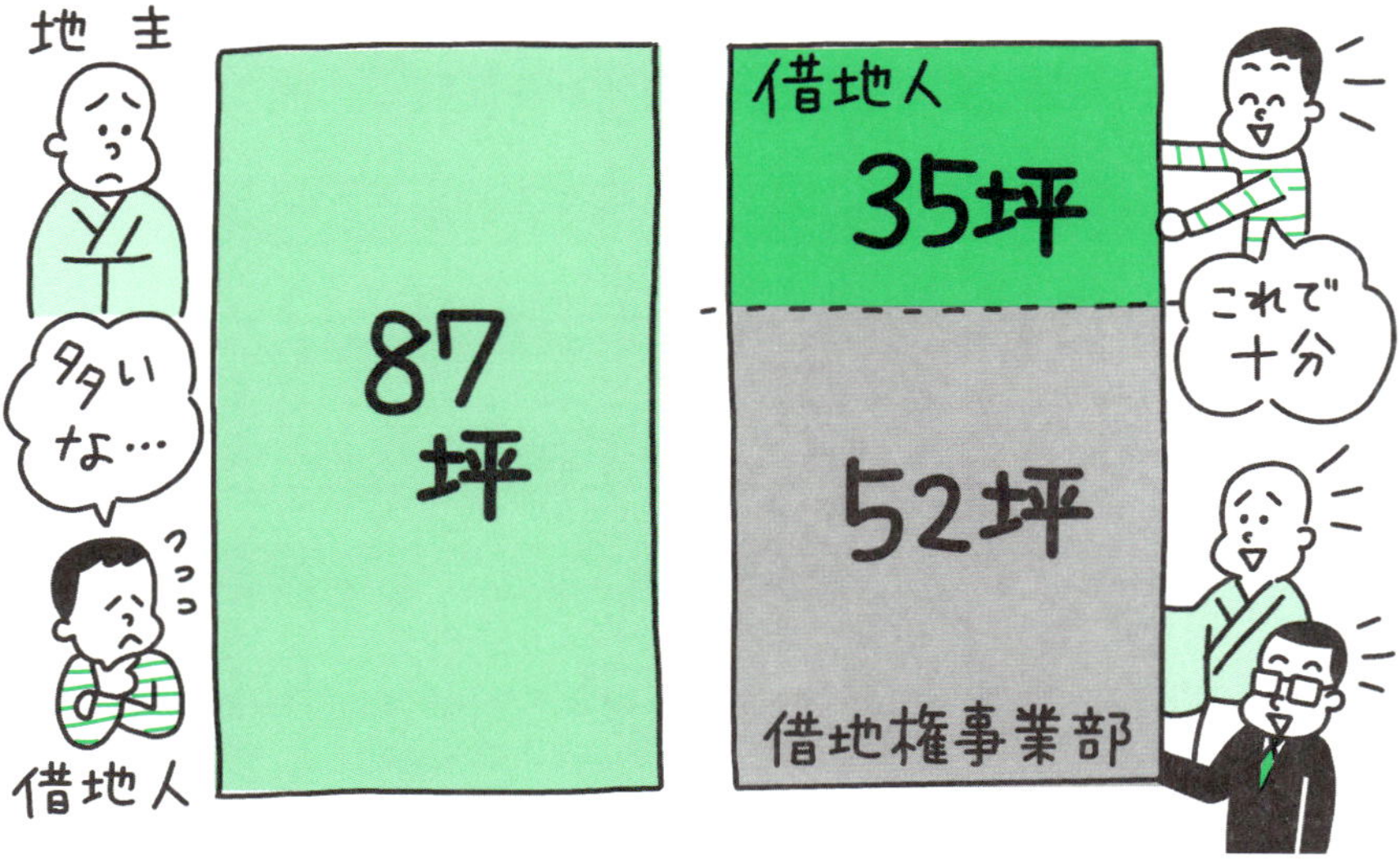

額の1・5倍ほどでした。正式な手続きに基づき、檀家会や総本山の許可を取った金額なので変更はできないとのお話です。

借地人さんが底地を買いたい理由は、建物を建て替えるためです。

どのくらいの建物を建てたいのかプランを作ってみたところ、現状の87坪は必要なく、35坪で十分だということがわかりました。

そこで、借地人さんに提案しました。

「借地人さんは35坪分の底地を買われてはいかがでしょう。残りの52坪の底地と借地は当社が購入させていただきます。底地の金額は決まっていますので、あとは当社と借地人さんとの売買価格の決定と、購入者が当社と借地人さんの2名になることを地主さんがOKしてくれるかどうかだけです」

地主さんは、売却先が2名となっても問題がないとのことでした。

その後、測量や分筆線の策定など、こまごました調整に時間はかかりましたが、地主さん借地人さん双方の思い描く形で解決することができました。

POINT

「底地を買いたい」という借地人さんの希望は、実現は非常に難しいとお考えください。

今回のように、お寺が底地を売却するというのはレアケースです。

COLUMN

5-2

地主が国なのですが…実例で見る払い下げ実務

「地主が国なのですが……」よくこのような問い合わせをいただきます。

国が地主というケースは、元の地主が相続税支払のために底地を物納したというパターンがほとんどです。登記を見ると「○年○月○日相続税の物納許可」と記載されています。元々はお金で収めるものを土地として受けとった国は、現金化したいというのが本音のようです。そのためか、毎年あるいは数年に一度「底地を○○万円で売ります」という通知が借地人宛に届きます。

ある借地人さんから、国が地主である借地権を買い取ってほしいとの相談をいただきました。お母様が亡くなり空き家となった借地の地代だけを支払っている状態とのこと。相続人である兄弟6人の意見が全くまとまらないと悩んでおられました。そこで、相続人全員に集まっていただき、当社が皆様の意見を調整することになりました。会合の場では、土地が欲しい方とお金で解決したい方が見事に3対3に別れました。

その後1年ほど、皆様の意見の調整をはかった結果、まず底地を購入して所有権化したうえで共同売却をしてお金で分ける方向に決まりました。とはいえ、それなりの広さの土地です。皆様で資金を出し合い購入しても、売れないのではないかという不安があります。

皆様で再度検討した結果、最終的には、底地と借地を当社で購入することになりました。原則として国は、借地人にしか底地を売りませんが、借地人が第三者に借地権を売却し、その第三者が同時に底地を購入することは認めてくれます。このような方法があることをご説明したところ、皆様「もっと早く言ってよ」という雰囲気でした。

国からも説明はあったはずですが、手続きが煩雑なこともあり、皆様なかなか理解できなかったようです。当社としては、借地人さんの気持ちを第一に考えて対応していますので、「私たちが全部購入します」とはさすがに言いづらいのです。それから3か月ほどで国有底地の払い下げと同時に借地権付建物の決済を済ませ金銭で分割することができました。借地人さん、当社、おそらくは地主である国も皆がハッピーな形で処理できた案件でした。

認知症になった母の借地権は売れるの？

最近増えているのが、認知症になった方の借地権の売却です。

「親の借地権を売りたいが、認知症なので売却は無理だろう」

こう考えている方が多いと思いますが、手続きを踏めば売ることはできます。

「介護施設に入る母の借地権を売りたいんですが、認知症なのです。売れるのでしょうか？」

相談に見えたのは、娘さんでした。

お母さんは数年前から認知症を患い、先日介護施設へ入所されたとのことでした。こうした場合、成年後見開始の審判を受けてからの売却になります。

この方の場合、娘さんに成年後見人になっていただいてから、借地権売却の相談が始まりました。地主さんからも売却の承諾は得られました。

ただ、こうした場合の居住用の財産処分では、裁判所の許可が必要です。

手続きとしては、成年後見人から、裁判所に**「居住用の不動産処分の許可**

●居住用の不動産処分の許可の申立
被後見人の居住用不動産を処分する場合は、事前に家庭裁判所の許可を得る必要がある。

の申立」をしてもらい、許可が取れれば売却できます。

ただし、一般的に借地権付建物は相続税評価額以上で売れることが少ないという傾向があります。そのためあまり廉価な金額だと、裁判所が売却を認めないケースもあります。

売却を認められなければ、介護施設の費用が捻出できないだけでなく、月々の地代支払も発生してかなりの負担となってしまいます。とはいえ悠長に高額での購入者を探している暇もありません。

結果的には、借地権を買い取る業者3社に相談し、それぞれ入札いただき一番高額をつけた会社に売却することとなりました。

それでも、この借地権売却には2年ほどかかりました。裁判所から、いろいろな書類の提出を求められたからです。被成年後見人の不利になるような（不等に安く売る）ことが行われていないかなどを確認するため、裁判所は公平な観点から、慎重に被成年後見人の財産処分の判断をしなければならないからです。ケースによっては、裁判所から売却の許可が下りないこともあり得ます。

POINT

被成年後見人の財産の売却は可能ですが、実際に売却するとなると非常に複雑です。経験豊富なパートナー選びがポイントといえます。

9人の地主のうち、1人が認知症に…借地権は誰に買ってもらえるの？

「じつは、借地権を売りたいと思っています。承諾をもらおうと地主さんと話をしたのですが、なかなか話が進みません。交渉をお願いできますか？」

よくあるケースですが、借地人さんが相談に見えました。

この方が地代を払っている地主さんを訪ね、話をうかがって驚きました。

「いま地主は、法定相続で9人います」

その9人の地主さんたちは、遺産分割をめぐって協議中でした。遺産分割協議が整っていなかったのです。

「私は、借地権を買い戻したいと思っています」

借地権の買い戻しを提案すると、私たちがお話しした地主さん（地代を集金している地主さん／以下地主Aさんという）の意思が確認できました。

それから、地主Aさんを除く8人の相続人の間を回りました。苦労しましたが、7人から「借地権の買い戻しを、地主代表の□□に委任します」という委

任を取ることができました。

ただ、残る1人の方が認知症で、委任は取れません。かなりの難問ですが、次のように解決しました。

まず、借地権の買い戻しに合意した8人のうちの地主Aさんを代表として、次の特約を入れた契約を交わしました。

「本契約は、○○氏相続人である□□氏（地主Aさん）への借地権付建物売却のため、第○条にかかわらず、売主（借地人さん）は地主の承諾を取得する責めを負わないものとする。この契約に関し、相続人間で生ずる係争等により、買主に損害が生じても、売主（借地人さん）は損害賠償責任等、一切の責任を、買主および相続人に対して負わないことを売主、買主合意しました」

代表の地主さんに、借地権の買い戻しを委任していない1人の相続人（認知症の方）がいます。

借地権の買い戻しを委任していないこの方から、「合意を得ていない売却だから」と、借地人の契約解除を主張されるおそれがあります。

買主（地主Aさん）はそれを承知している。売主（借地人さん）には一切の責任がない……。

これが、特約を入れた契約の内容になります。

念のため、認知症の地主さんの法定相続人の全員から、地主Aさんの買い戻しに口頭で了解していただきました。

POINT

超高齢社会の日本です。今後、借地権や底地の売却・購入で、認知症の借地人さんや地主さんの存在はますますクローズアップされると思います。加えて、複数の借地権者や地主さんがいるような場合、その処理は経験を積んだプロにとっても難しい案件といえます。

お寺さんとの底地・借地権の売買には、難しいハードルがある

ひと口に「地主」と言っても、地主にはいろいろあります。

＊一般の地主……個人地主、地主業を営んでいる地主（資産管理会社などを持っている地主）

＊法人の地主（一般法人と底地買取り業者）

＊お寺・神社

＊国（多くは、相続で物納された土地）

＊地方公共団体……市区町村

これらが、地主と呼ばれる存在です。

お寺が地主ということも、少なくありません。

「地主さんがお寺さんですが、底地を買うことはできますか？」

こう相談を受けましたが、お寺さんの底地の売買には難しいハードルがあり

ます。

お寺さんは、宗教法人登記をしています。財産処理に関して、その法人登記の約款に、普通は「檀家会の3分の2の賛成が必要」「本山の許可が必要」などの記載があるからです。

レアケースとしては、「住職の判断」ということもあります。こうしたケースを除き、お寺さんが勝手に底地を売ったり、借地権を買い戻したりはおいそれとはできません。

ある借地人さんは、地主のお寺さんから底地を買うことができました。珍しいケースだと思いますが、宗教法人登記に記載されている内容に沿って様々な許可をお寺内で取得していただき、底地の売却が可能となりました。お寺さんも何度も底地の売却を実施しているようで、非常に手馴れたものでした。

ただし、お寺の底地であったため、土地の表示登記しかしておらず、保存登記実施後、所有権移転をすることとなりました。一般的に建物は表示登記のみで保存登記をしていないというケースはありますが、お寺の場合は土地も表示登記のみというケースもあるようでした。

最終的には売却をするために測量も必要になり、測量を行ってから、お寺さんにて保存登記をしていただき借地人さんに底地を所有権移転をしました。

「こんなこともあるんだなぁ、お寺さんでも底地を売却してくれることもあるとは」

売却の手続きを終えたあと、依頼してきた借地人と驚いたものでした。

底地がお寺・神社の場合

宗教法人登記の約款に
「檀家会の3分の2の賛成が必要」
「本山の許可が必要」
などがあり、底地の売買は難しいケースが多い

POINT

お寺や神社の底地の購入はたいへんハードルが高く難しいものです。ただケースによっては底地を売ってもらえたり、借地権を買ってもらえることもあります。

都内の底地、地主さんは○○県××市だった！

「自分が借りている東京都内の借地の底地を買いたいのですが、地主は○○県の××市です」

こう相談に見えた方がいます。

調べてみると、確かに地主は住んでいる行政ではなく別の県の市でした。何でも昔、篤志家の方が土地を寄付したとのことでした。借地人さんは長年その借地に住み、地代を支払っていますので、地主が××市ということはもちろんご存じです。

底地の払い下げに関しての書類も毎年受け取っていました。

その書類にしたがって底地を購入しようとしたのですが、払い下げまでの処理が複雑でどのようにしたらよいかわからなくなってしまったので、相談に見えられました。

依頼を受け、さっそく××市の担当者に払い下げの方法を照会すると、売却

代金全額の支払期日が引き渡しと同時ではなく、引き渡しの前日に支払い完了をする必要がありました。つまり、所有権移転に1日のズレが発生します。銀行融資を受けて払い下げをする場合は同日決済が原則のため、前日に融資を受けられず支払えないことになってしまいます。

この問題をクリアするためには、1日間だけ何かしらのつなぎ融資を受ける必要があります。

借地人さんに確認すると、たまたま底地を購入するだけの資金を現金でお持ちでした。面積も小さく、あまり高額でなかったことも功を奏しました。

土地の所有権移転前日に土地の売買代金全額を××市に支払い、翌日その領収証をもって所有権移転手続きを実行しました。その後の建て替えに関しては、銀行融資を手当てする形です。

最大の難問が解決できたため、その後はすんなり処理できました。

払い下げ申請は、一般の方にとっては非常に複雑な手続きです。特に、決済日前日の代金全額支払いは非常に厄介な問題です。

行政にも改善をしていただければ、底地の売却もより一層進むと思いますがいかがでしょう。

地主さんが
地方公共団体の
場合、手続きは
様々です

底地が地方公共団体の場合

（××市の例）

売却代金全額の支払期日が引き渡しの前日に支払い完了をする必要があったため、所有権移転に1日のズレが発生した。

↓所有権移転前日に土地の売買代金全額を地方公共団体に支払った

POINT

地方公共団体が地主の場合、底地払い下げの手続きは様々です。処理方法も異なりますので注意を要します。

国有底地の借地権に関して

借地人の借りている土地が、国有財産（国有底地）というケースもあります。この土地のほとんどは、相続税を支払う代わりに地主が物納した土地です。相続税の申告・納付は、相続が発生してから10か月以内と決められています。しかも、「金銭による一括納付」が原則です。

金銭による一括納付が難しい場合、次の方法が「延納」です。延納も難しい場合、最後に残された方法が物納になります。

土地が物納されても、従来どおり、借地人はその借地に住むことができます。地代を払う必要はありますが、土地の所有が地主から国に移っただけだからです。

国が物納を受けた土地の場合、原則として競売等はありません。国は、原則として借地人にだけ底地を払い下げます。国が地主の場合、地代が比較的安価なので、進んで底地を買う借地人はあまりいません。

物納
相続税を金銭で納付することが困難で延納のできないときに、相続財産の中から財産を現物で納付すること。不動産、株式、国債など、物納できる財産の範囲と優先順位が決められている。

延納
期限内の現金一括払いが不可能な場合に、相続税を分割して払う方法。

借地人が「借地権を売りたい」場合は、借地権だけの売却より底地を購入してからのほうが、売りやすくかつ金額的にもメリットが大きくなりがちです。国もできれば底地を借地人に払い下げて現金化したいというのが本音です。そのため、払い下げ方法に関しては柔軟に対応してもらえます。

ただ、一般の方にとって国有底地の払い下げ申請は非常に複雑に感じるらしく、近年相談件数が増えてきました。

底地が国の場合

地主が相続税の代わりに物納した場合が多い。
原則として競売などがなく、借地人に払い下げする。
地代は比較的安いが払い下げ方法は柔軟に対応する。

POINT

地主が国の場合、国有地の払い下げには柔軟に対応してくれるでしょう。不安があれば、専門知識を持ったプロへの相談をお勧めします。

おわりに

2006年、「借地権ソリューション事業」に参入してから12年ほどが経過しました。

当初は、主に私たちがアパートやマンションを管理させていただいている地主さんからの依頼でしたが、インターネットに掲載したとたん、借地人さんからの問い合わせが一気に増え、そちらの依頼にも対応させていただくこととなりました。

一方の話をうかがうかぎりでは、「相手方はどんなに酷い人なのだろう」と思うことも多かったのですが、実際に相手方とお会いすると非常によい方が多く、「なぜ、お互いにもめてしまったのだろう」と不思議に思うようになりました。

そこには、過去からの感情のもつれや様々な要因が重なり合っているのですが、お話をよく聞くと、「何らかの解決を図りたい」というベクトルは同じ方向に向いていることがわかったのです。

とはいえ、様々な要因で話が進まないことも確かです。

私たちは、基本的には宅建業者としての立場で地主さん借地人さん双方のニーズを聞き取り、可能なかぎり双方の希望に沿った問題解決を一番と考えています。

そのために、私たちはこれまでに蓄積した様々な知識とノウハウを投入して借地権問題の解決に取り組んできました。

もともと「借地権」というものは、昔、地主さんと借地人さんの深い人間関係を土台に発生したケースが多いため、私たちはできるだけ円満に解決していただきたいと願っています。

通常一つの案件の解決には、早くて6か月から1年、長いものになると2年以上かかるものもあります。

最も重要なことは、地主さん借地人さん双方が歩み寄り、「自分の代で絶対解決するぞ」とベクトルを合わせることだと痛感しています。

これからも、私たちの活動が皆さまのお役に立てればと思っております。

末尾になりましたが、相田みつを先生の書の掲載をご許可いただいた「相田みつを美術館」の関係者各位には厚く御礼申し上げます。

出版社はじめご協力いただいた皆様にも、感謝申し上げます。

本書に関するお問い合わせ

住友林業レジデンシャル　借地権事業部
〒 160-0002　東京都新宿区新宿 2-19-1 ビッグス新宿ビル 4F
Tel : 0120-917-093　Fax : 03-3350-9834http://www.sumirin-residential.co.jp/

編集協力
●ことぶき法律事務所　弁護士 亀井英樹　弁護士 林 幸平
●十文字会計鑑定事務所　税理士・不動産鑑定士 十文字 良二
●土屋会計事務所　税理士 土屋康成

スペシャリストが教《おし》える
借《しゃく》地《ち》権《けん》の悩《なや》み　ベストな解決法《かいけつほう》

2018年　1 月 1 日　初版第 1 刷

編 著 者 ―――――― 住友林業《すみともりんぎょう》レジデンシャル
発 行 者 ―――――― 坂本桂一
発 行 所 ―――――― 現代書林
〒162-0053　東京都新宿区原町3-61　桂ビル
TEL／代表　03(3205)8384
振替00140-7-42905
http://www.gendaishorin.co.jp/

ブックデザイン＋DTP ―――― 吉崎広明（ベルソグラフィック）
本文・カバーイラスト ―――― にしだきょうこ（ベルソグラフィック）

印刷・製本　㈱シナノパブリッシングプレス
乱丁・落丁本はお取り替えいたします

定価はカバーに
表示してあります。

ISBN978-4-7745-1675-2 C0033